# Por unos centavos
y otros cuentos/poemas

Minerva Alcira Miljiker

www.librosenred.com

Dirección General: Marcelo Perazolo
Fotografías: Matias Alejandro Barbati
Diseño de cubierta: Laura Gissi

Está prohibida la reproducción total o parcial de este libro, su tratamiento informático, la transmisión de cualquier forma o de cualquier medio, ya sea electrónico, mecánico, por fotocopia, registro u otros métodos, sin el permiso previo escrito de los titulares del Copyright.

Primera edición en español - Impresión bajo demanda

© LibrosEnRed, 2022
Una marca registrada de Amertown International S.A.

ISBN: 978-1-62915-438-1

Para encargar más copias de este libro o conocer otros libros de esta colección visite www.librosenred.com

# Por unos centavos

# Prólogo

Esta obra expresa algo más que meras palabras que cualquier otra persona, y por las razones que fuesen, en condiciones normales tendría guardadas en un cajón. Sacar a la luz pensamientos, sentimientos, reflexiones, momentos, traumas, vivencias, recuerdos, secretos, dolores... No es una tarea fácil. No es fácil clasificar todo eso, pasarlo por un colador, tamizarlo, y menos aún poder procesarlo y canalizarlo en un libro.
Explorar el mundo interno de una persona es muy complejo. Por una parte uno se encuentra con cosas lindas, con ideas brillantes, con aquellas cosas que son en su conjunto la motivación que hace a los seres humanos querer seguir adelante, querer intentar vivir una vida con la mayor plenitud posible, pero también con todas aquellas cosas que a todos nosotros nos hacen vulnerables y que sin mencionarlas demasiado explícitamente lo único que pretenden es colaborar con su protagonista lo justo y necesario para hacer catarsis.
Cuando conocí a Minerva me di cuenta de que ella tenía un poco de todo eso. Detrás de la artista que hace de su vida su propia construcción hay una persona como cualquier otra que afronta sus problemas cotidianos con valentía, pero también con una cierta cuota de vulnerabilidad.

Si esto es una realidad o una mera exageración júzguenlo ustedes.

Los invito a leer su libro, y a que conozcan un poco su mágico mundo.

*Matías Barmat*
*Lic. En Periodismo (UMSA)*

*Les dedico el poema la amistad a Adriana, a mis amigas y madrinas de mi hijo Analía, Ivana y Fanny, a mi amigo y padrino de mi hijo Carlos, a mis amigas y primas Alejandra y Andrea, a mis amigas Ana, Stella, Carolina, Nadia, Mónica, Lara, Aurora, Isabel y Selene; y a mis amigos Aly, Diego, Matías, Sergio y Mariano*

# Notas de la autora

Sobre el proceso de escritura:
Existen un nuestra mente imágenes, historias, un torbellino de ideas a partir de las cuales se va desarrollando una trama basada en anécdotas de vida, el bagaje cultural que tenemos, testimonios de terceros. Todo se amalgama en la composición de un relato. Está en el escritor generar climas y lograr que el momento de clímax de la obra sea único e irrepetible. Ya está casi todo creado, pero aun así se pueden obtener verdaderos logros en la escritura de los relatos de ficción.

***

El loco vive en otros mundos por esclavitud mental a sus alucinaciones; el bohemio vive en otros mundos por elección; y el escritor te hace vivir en otros mundos por su elección y por la tuya de optar por él.
Carta a la musa inspiradora,
del intelecto apático

# Carta a la musa inspiradora, del intelecto apático

Amada musa inspiradora:

A veces permaneces oculta y juegas a las escondidas; otras, te pones verborrágica y amorosa con mi intelecto y con mis manos.

Sos el elixir para tanto hastío, a tanto no saber qué contar, acerca de qué explayarse en los lienzos, qué esculpir... Esos momentos en que el clímax de la gestación artística llega a su punto culmine... y articulo un binomio perfecto, pasionales ósculos, con la realidad y la ficción un torbellino de ideas, que se plasman en cuadros, en poesías, en cuentos... Y todo gracias a ti, amada musa.

Sos una divinidad griega, hija de Apolo, que protege mis artes y las artes de todos los artistas y literatos.

A ti recurrimos cuando ese centellazo de creación no se gesta, y cuando vienes, éste se perfila incesante.

¡Oh, amada musa, ven a mí! De ti han sabido Miguel Ángel, Picasso, Borges, Cortazar, Artaud y tantos otros genios del arte y la literatura.

No es mi intención compararme con ellos, ni mucho menos; pero te anhelo y necesito para gestar, y en la génesis crear aquello que llaman y llamamos arte y obras literarias, que no es más que la expresión del alma de un pueblo que se siente representado y reflejado en la creación artística que se expone frente a sus ojos. Eso es lo que diferencia a los grandes de los mediocres… pero pretender ello es mucho…, diría demasiado. Yo tan solo me conformo con que me inspires.

Cual cáliz, reconfortante eres tú para mi intelecto creativo, a veces apático por tu ausencia. Habitas en lo recóndito de mi alma, de mi espíritu, de mis entrañas.

Amada musa, cuando tú te haces presente, se genera empatía con el receptor físico de la obra, que no siempre coincide con el destinatario ideal al cual se dirige la obra… pero cuando se concilian ambos, la empatía se da como una magia, y la obra se proyecta al infinito a lo largo de todos los tiempos.

Yo, humildemente, no aspiro tanto. Me conformo y reconforto con que accedas a mirarme a los ojos y me guíes la mano y el cerebro para generar "algo" que algunos considerarán arte u obra literaria, y otros simplemente nada, un simple boceto, un simple borrador o un torbellino de ideas amorfo, pero que para mí es bastante, porque he sabido que para ello tú me has honrado con tu amor incondicional y con tu presencia.

En mis sueños te veo lánguida, esbelta, etérea; coronas con tus brazos de ángel mi mente ansiosa y materializas mis anhelos.

¡Oh, amada musa! Ven a mi cual caballo alado que galopa a la meta, atravesando cordilleras, mares… ¡Ven a mí!

Tu humilde servidora, la mente apática.

*Minerva Alcira Miljiker*

*Minerva Alcira Miljiker* – Autor: Luis Rodriguez Mendoza

# Cuentos

# El desenlace

> "... se supone, se espera, que cuando una forma un hogar, a una le pueden suceder muchas cosas, pero desea que a los hijos no les suceda nada. De pronto verse, sentir que una puede perder a uno de sus hijos es lo más doloroso que a una madre le puede pasar. Sentir que de pronto se puede quedar sin alguno de sus hijos es un dolor inexplicable, desde adentro".
>
> (Extracto de una entrevista a Olga Sajko, profesora de danzas, fallecida que constituyó la idea madre del siguiente cuento).

Novelí creía en el amor... Esa tarde hizo el recorrido habitual desde su trabajo hasta la guardería. Se sintió oprimida, dolorida; sin saber por qué, sospechaba que algo malo había sucedido.

Como todas las tardes, pasó por Rinconcito de Amor a buscar a Merlina Nauhalt[1], pero al llegar vio varias unidades

---

[1] Cierto día "navegando" por la **Enciclopedia Encarta de Microsoft,** Novelí encontró los siguientes datos sobre los náhuatl y le pareció que esa palabra sería un buen nombre para su hija ya que significaba "sonoro", como la música y todo lo que tiene vida...

móviles en la zona. El corazón se le agitó; apresurada, tambaleándose, corrió las dos cuadras que le faltaban hasta llegar a

---

**Náhuatl**:
***Lenguas aborígenes***:
Nombre que proviene del verbo *nuhuati*, 'hablar alto'. *Náhuatl* significa 'sonoro', 'audible'. También ha sido llamada *nahua, nahoa, nahualli, mexihca* ('mexicano') y *macehualli* ('campesino'). Posee varios dialectos, como el *náhuatl huasteca* (en los estados de San Luis Potosí, Hidalgo, Veracruz y parte de Puebla), el *náhuatl septentrional* de Puebla (norte del estado de Puebla), el *náhuatl tetelcingo* (en la ciudad de Tetelcingo y sus dos colonias, Cuauhtémoc y Lázaro Cárdenas, en la municipalidad de Cuautla, Morelos, México). En Guatemala y en El Salvador se habla *náhuatl pipil*. El dialecto que cuenta con más hablantes es el *náhuatl huasteca* (350.000)

(...) Comprende nueve subgrupos y más de 16 lenguas, habladas en los Estados Unidos y México. La más importante es el *náhuatl* o *azteca,* que cuenta, en el presente, con más de un millón de hablantes.

(...) En cuanto a su estructuración morfológica, se registra también variedad, aunque muchas lenguas son polisintéticas y aglutinantes. En términos sencillos: en ellas se suelen formar palabras complejas, largas, constituidas por la unión (aglutinación) de varios elementos (morfemas), con significado léxico (raíces) y gramatical (categorías de número, persona, tiempo, aspecto, y demás; la categoría de género es poco frecuente), las cuales equivalen a oraciones de lenguas indoeuropeas. (...)

Los morfemas que expresan categorías gramaticales pueden prefijarse o sufijarse a la raíz (o raíces). Los infijos son poco frecuentes.

He aquí algunos ejemplos de polisíntesis y aglutinación:
NÁHUATL HUASTECA
***ni-k-on-ita-s***: **'Yo lo veré allá'.**
Los morfemas constituyentes de la palabra significan:
ni: 1ª persona singular
-k: a él, lo
-on: allá
-ita: raíz verbal *ver*
-s: futuro
El náhuatl huasteca es prefijador y sufijador.

(...) Es también característica de estas lenguas aborígenes la llamada incorporación, la cual consiste en introducir —incorporar—, en una forma verbal, el objeto directo de la acción, expresado por una raíz o por un afijo. En el primer ejemplo en náhuatl huasteca, que se ha visto antes, lo hace el prefijo *-k-*.

Debido a tal procedimiento, las lenguas son llamadas incorporantes. (...)

Del *náhuatl*: *aguacate* (de *yeca-tl*), *cacaquate* (de *tlal-cacaua-tl*: 'tierra cacao'), *cacao* (de *cacaua-tl*), *camote* (de *camo-tl*), *coyote* (de *coyo-tl*), *chile,* 'ají' (de *chi-li,* 'rojo'), *chocolate* (de *chocola-tl*), *mole,* 'salsa' (de *mol-li*), *tamal,* 'empanada de maíz' (de *tamal-li*), *tiza* (de *tiza-tl*), *tomate* (de *toma-tl*), *zopilote* (de *tzopilo-tl*).

Pellegrini 1958; las piernas se le doblaban por los tacos aguja, la mirada se le desencajaba pensando en su niña de 3 años.

Al llegar vio cómo dos uniformados se llevaban esposado a un individuo joven, "maltrecho" y todo ensangrentado. En el lugar había varias personas gritando y llorando. Ella no entendía nada. Desesperada, quiso entrar, la indagaron. El área estaba cercada por las fuerzas públicas, que tomaban muestras y hacían peritajes. Atormentada, ella dijo que era la mamá de uno de los niños. Le informaron que allí ya no había nadie. Varios pequeños se habían ido con sus familiares, y otros, lamentablemente, estaban heridos. Un delincuente munido con un arma blanca había tomado por asalto el establecimiento y había arrollado todo.

Vio la ambulancia, preguntó ya turbada, con la mirada desorbitada, por su hija. Les dio los datos: "Es rubiecita, de ojos claros, y así de alta" (hizo gestos con las manos). Nadie sabía nada. Vio varios chicos heridos, no comprendía. Nadie sabía nada.

"Tal vez esté en el hospital Lucio Menéndez de Adrogué", el destino que le dieron los enfermeros.

Partió apresuradamente hacia el nosocomio, que quedaba a unas cuadras...

Se repetía a sí misma en voz alta: "*-ni-k-on-ita-s*: 'Yo la veré allá'".

Al llegar vio a la maestra en una camilla. Le sangraban el hombro y la mano. Estaba tajeada. Se acercó, le preguntó. La maestra no la dejó terminar de hablar, y llorando le contó: —

Estábamos en el aula, cuando entró una persona con una cuchilla. Pedía dinero, yo no tenía, venía ensangrentado...

---

Al concluir la lectura... siendo que los Nahuatlecas había aportado tantos vocablos al idioma y dado su espíritu de lucha por los derechos humanos de los desprotegidos no lo dudó más.

*El nombre de su hija sería* **Nahualt** *dado el origen indio de su marido...*

... y dada la magia de su gestación, se llamaría Merlina, por el mago Merlín...
Su nombre seria:
**Merlina Nahualt**

—¡Por Dios, no! ¿Y Merlina Nauhalt?, ¿qué pasó con Merlina Nauhalt?

—Sentí los patrulleros, un agente entró al aula... el ladrón tomó de rehén a Merlina Nauhalt...

—¡No, no, nooooooooooo!

—El policía le pidió que se entregara... Él se vio acorralado, dijo que lo dejaran salir. Quiso huir del aula con la nena, yo la tomé del brazo, la hirió...

—¡No, Dios mío! ¡No puede ser! ¿Qué pasó?, ¿dónde está? —y sacudió a la maestra.

—El policía le apuntó, forcejeamos, Merlina Nauhalt gritaba, lloraba, le salía sangre del costado, el policía disparó, el "chorro"[2] soltó el arma, la nena cayó... cuando vino la ambulancia...

—¿Dónde está? ¿Dónde? ¿Qué pasó con ella?, por favor dígame —y la zamarreó aún más fuerte.

Las separaron porque ella le hacía doler la herida—Ya era tarde. Merlina Nauhalt murió. Se desangró. Lo siento mucho, señora Torres.

Se abrazaron, lloraron... Novelí no lo podía asimilar, se descompuso, se desquició. ¡Con lo que le había costado tenerla!, se había sometido a tres inseminaciones antes de quedar embarazada. Y ya era una mujer grande, no podía tener más hijos...

No lo podía comprender, porque se piensa, que a una le pueden suceder muchas cosas, pero espera que a los hijos no les pase nada. Es un dolor muy grande, inexplicable.

Novelí empezó a sentir temor, a escuchar voces... esa que escuchaba cuando estaba mal.

El diablo le dijo que el fruto de su vientre le había sido ofrendado en un sacrificio... Ella no lo podía creer. Lloró, gritó, su mirada se desorbitó. No lo soportaba. Tras cruzar los pasillos en ese estado, llegó a la calle, vio un auto que pasaba y se tiró. El vehículo la arrolló, ella recibió un golpe seco en la sien y murió en el acto.

---

[2] Chorro: Ladrón en lunfardo, dialecto argentino

Novelí era esquizofrénica, acababa de hacer un brote. Nadie lo podía prever. En su desesperación solo atinó a matarse.

Esa tarde, Rodrigo, el marido de Novelí, que era diseñador, espero inútilmente que sonara el timbre, pero no le extrañó, a veces solían llegar más tarde, luego de pasar por la plaza o la calesita.

Sonó el teléfono, él lo atendió, alguien con una voz quebrada le expresó que era la mamá de uno de los pequeños y le relató lo sucedido. El hombre pegó un alarido.

Rodrigo fue a la pieza. Miró la foto familiar, se dirigió a la caja fuerte, sacó su revólver calibre 38, lo desenfundó, se apuntó a los sesos y se descerebró.

La habitación quedó vacía, desolada, solo un destello de luz se irradiaba desde la oficina... era la *Macintosh*[3], estaba abierta en el *Photoshop*[4], con un trabajo sin concluir, era una publicidad sobre un restaurante donde se veía un grupo familiar: la mama, el papá y dos criaturas almorzando en La casona del Nonno.

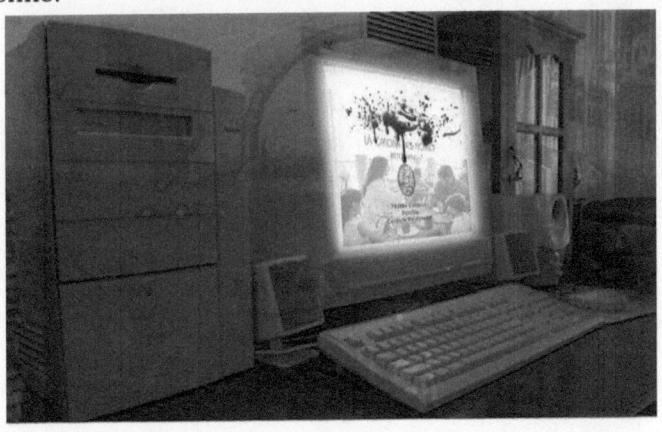

---

[3] Tipo de computadora personal de la empresa **Apple**, ideal para diseño gráfico.
[4] Programa de computación de retoque fotográfico.

# Naomi y Rubén, un encuentro de culturas

Querida Naomi:

Hola mi amada Naomi, espero con ansias reencontrarnos, deseo mucho estar juntos nuevamente. A mi regreso de Europa, sellaremos el trato con la inmobiliaria. Te encargo que busques una vivienda. Firmaremos antes de nuestra boda así al volver de nuestra luna de miel ya tenemos un hogar. Amada Naomi. Sé que sos muy sensible, pero no te guíes tanto por las sensaciones, estas pueden engañarnos fácilmente, por eso espero que tengas en cuenta que posea las suficientes paredes internas apropiadas para separar cada ambiente y así tener un lugar adecuado para cocinar, dormir y para las labores intelectuales. Ya sabes que pienso que cada ambiente y cada mobiliario cumplen una función, todos y cada uno de ellos son necesarios como las sillas, la mesa, la cama y demás.

Sé que te gustan los ambientes luminosos con pocas divisiones, las esenciales, y que mucho no te interesan las sillas y la cama, que preferís dormir sobre un futon[1] extendido sobre el piso

---

[1] Colchonetas que se usan en Japón en el piso, extendidas, para dormir.

de tatami, pero bueno, intentaremos llegar a un acuerdo.

Te amo y espero verte pronto.

Rubén

Amado Rubén:

Yo también te extraño y deseo verte, nuestro distanciamiento es eterno; por otra parte, quiero decirte que en primer lugar que si dejamos de preocupamos, la iluminación va a cobijamos, y hallaremos, sin buscarla, la solución, igual voy a tener en cuenta tu manera de ver las cosas, pero quiero que recuerdes lo importante que es para mí que nuestra casa tenga ambientes luminosos y aireados y solo la cantidad mínima de muebles. te aclaro que para mí, como para otros que practican la filosofía zen, cuando inspiramos capturamos parte de la energía del universo y cuando espiramos esta vuelve a él. Por consiguiente, los espacios con grandes ventanales y sin divisiones permiten que el aire circule mejor y que entre en comunión el interior con el exterior, para nosotros, de última, es todo parte de lo mismo.

Por otra parte, la luminosidad es una exteriorización de lo que deseamos alcanzar como meta máxima, es decir, la iluminación o satori, o lo que es lo mismo, esta es una interiorización del exterior, una forma de explicártelo porque sucede todo al mismo tiempo y no es tan así. Solo pretendo categorizarlo para que lo comprendas. Es de vital importancia para ello también que los ambientes tengan la armonía en los colores y líneas simples (como pisos de grandes planchas de tatami), que favorecen a la meditación. Aunque es sabido que el estado de iluminación se puede alcanzar en cualquier lugar.

No obstante, voy a ver que la casa tenga el mínimo de separaciones necesarias para resguardar nuestra intimidad. Aunque, como bien sabes, estas son tenidas en cuenta más por las familias que por las parejas. Pero bueno, creo que tal vez debamos elegir nuestro hogar juntos para ponemos de acuerdo.

Te amo y sabes que sos mi dueño, por ello tu decisión es mi voluntad.

Siempre tuya Naomi

Naomi habló con los de la inmobiliaria y arregló cita para ver una vivienda al día siguiente de la llegada de su prometido de Europa.

Su encuentro fue sumamente amoroso, compartieron juntos una cena en Puerto Madero comieron sushi y hablaron de cómo les gustaría que fuese su futuro hogar entre anécdotas de viaje.

El martillero conocía ambas cosmovisiones y sabía muy bien lo que ellos estaban buscando como hogar, por eso los aconsejó de la siguiente forma:

—Conozco las dos visiones de mundo porque fui criado en un hogar con ambas perspectivas, ya que mi padre es de Tokio y mi madre era de Massachussets. Cada uno de ustedes debe tener en cuenta la mirada que tiene el otro acerca de cómo debe ser una casa. Aunque lo que piensen sobre su hogar, el objeto en cuestión es un recorte que hacen basándose en sus perspectivas, deben conectarse con lo que por convención y consenso entendemos como casa. Sé que va a haber en sus representaciones puntos de contacto y diferencias. Es que hacemos siempre mapas, representaciones de representaciones, este recorte siempre toma en cuenta las diferencias, como cuando se pasa el territorio al mapa, esto es lo mismo, pero bueno, deben intentar hallar eso que tienen en común a la hora de elegir su hogar.

Creo tener la casa ideal para ustedes. Es un loft, con un única separación interna, un baño. Era propiedad de una familia mixta. Pero les aconsejo que a la hora de elegir no se queden solo en esta foto —y señaló con el índice una imagen—, sino que vivencien, en una posterior visita a la casa, si es apropiada para ustedes.

El vendedor habla por su propia experiencia, la cual había modificado la representación que tenía de lo que eran las típicas viviendas orientales y le permitía conocer que esto no era una vivienda característica sino una "mixta".

Los enamorados escucharon atentamente su consejo tomaron sus manos, se miraron a los ojos, y en ese instante Rubén tomó la palabra y dijo:

— ¿Cuándo la podemos visitar?,

—Esta misma tarde, si así lo desean. —contestó el empleado de la inmobiliaria.

Al visitarla, Rubén comprendió aquello olvidado por el racionalismo occidental, que "es una cosa que siente" y que este sentir solo es posible mediante los sentidos, por eso accedió a verla personalmente y no delegar en otro la responsabilidad de elegir.

Naomi, por su parte, comenzó a experimentar con su tacto las vibraciones que le transmitía la casa. Pasó las yemas de sus dedos por las paredes de madera y los brillantes pisos de tatami. Inspiró profundo, se relajó y dejó que el "ello" aflorara, fue entonces cuando en ese estado supo que la vivienda era ideal.

— ¿Aquí puedo poner la biblioteca? —Preguntó Rubén—. ¿Allá puedo hacer el escritorio?

—No dude tanto, veo que si pone algún mueble que divida el espacio, podrá tener todos los ambientes que desea —contestó el vendedor.

—Gracias a que dudo puedo llegar al conocimiento de la casa, porque usted me está informando cómo puedo adaptar los ambientes, vía la razón.

—No solo mediante la razón accedemos al conocimiento.

—En eso coincido con el señor —intervino Naomi—, la experiencia personal es una vía muy importante para acceder al conocimiento de las cosas, como la casa y de todo en general.

—Lo que yo les quiero decir es que el conocimiento que tenemos de las cosas es subjetivo —dijo el vendedor—. Cada uno de nosotros construye sus propias representaciones basadas en su historia personal, en su propia experiencia.

—Comprendo —dijo Rubén—: usted quiere decir que la idea que tenemos de la casa, como producto de nuestra imaginación, puede ser falsa. Por eso dudo.

—Cada uno de nosotros tiene una experiencia distinta aunque se trate del mismo objeto —respondió el vendedor—, por eso construimos una representación diferente sobre ella, por eso nuestro conocimiento sobre la casa no es absoluto sino subjetivo. En nombre de este conocimiento subjetivo, yo puedo aconsejar basado en mi propia experiencia, como hijo de un oriental y una occidental, que esta es la casa ideal para ustedes.

—No sé cómo puede decir que el conocimiento es subjetivo si conocemos mediante nuestra razón. Las reflexiones que se desprendan de ella dan como resultado un conocimiento de índole objetivo.

—Yo creo que entiendo lo que quiere decir —dijo Naomi—: que al conocer por nuestra propia experiencia, el conocimiento es más personal.

—Así es —dijo el vendedor—. Pero le voy a explicar mejor a su prometido para que comprenda lo que quiero decir: si bien todos por medio de determinadas pautas llegamos al consenso de que nos estamos refiriendo a una casa, ya que esta responde a determinadas características que ya tenemos procesadas en nuestra mente, como ser un lugar destinado al alojamiento donde podemos dormir y comer, estas convenciones mínimas y generales hacen que teniendo distintos orígenes, lleguemos a un entendimiento sobre lo que estamos hablando y esto es objetivo; pero a lo que yo me refiero al decir que el conocimiento es subjetivo es a la relación que establecemos con la casa mediante nuestra experiencia, que es algo único e irrepetible. Como conocer esta casa, este objeto, nos modifica, y a la vez nosotros modificamos esta realidad.

— ¿Cómo voy a modificar con mi presencia la casa, que es un objeto inanimado? —quiso saber Rubén.

—Lo que quiero decir —se explicó el vendedor con mirada cómplice a Naomi— es que se genera un *feedback*, un ida y vuelta, entre nosotros y la casa, lo que a su vez genera modificaciones mutuas. Como los cambios que usted quiere hacerle a la vivienda al ambientarla con una biblioteca y un escritorio. Nada más que eso. Cada uno de nosotros tiene una representación, un mapa mental, de lo que es una casa, basándose en las diferencias con respecto a este objeto que cada uno percibe según su cosmovisión. Por eso no conocemos la realidad en su totalidad. No accedemos a la verdad como algo único sino que lo que conocemos es un recorte de la misma basado en "la diferencia que hace la diferencia". Al existir un número infinito de diferencias alrededor de y dentro de la casa, nosotros captamos mediante nuestros receptores sensoriales un número ilimitado de diferencias que se convierten en información en nuestra mente. Las diferencias que "elijamos" para que sean relevantes están en relación con nuestra experiencia personal y nuestra visión del mundo. ¿Ahora me entiende cuando le digo que el conocimiento es subjetivo?

—Algo. Esto me hace razonar sobre el tema, voy a pensar con respecto a lo que me está diciendo.

—Si observan, en el futuro, cuando relaten a sus familias cómo es esta casa, las observaciones de ambos van a diferir, por todo esto que les digo.

Naomi dijo, recordando la experiencia del satori:

—Al cerrar los ojos y relajarme viviendo un estado de meditación profunda, habiendo perdido total conciencia de mí misma y estando libre de toda intención, el "ello" afloró, pude penetrar en el secreto mismo de la realidad, me iluminé. Fui una con la casa, y la casa fue una conmigo. La casa fue por un instante todo mi universo. Entramos en común-unión. En ese momento mi interior y el exterior no eran dos compartimientos estancos, sino que esta diferencia entre ambos dejaba de tener, ya, sentido. No era más que un pseudoproblema. Interior y exterior (yo y la casa) no formamos más que una superficie lisa. Estando en absoluta unidad, comprendí que esta es la casa adecuada para nosotros, porque sentí que su tonalidad espiritual así me lo decía.

—Naomi —dijo Rubén, ya impaciente—, no te guíes por los sentidos, ya te dije que estos a menudo suelen hacemos equivocar. Yo desconfío de todo lo que percibo por medio de ellos. Te doy un ejemplo: sabemos que la cera sólida es igual que la líquida, no porque la conocemos mediante nuestros sentidos, los cuales dirían que se trata de dos materias diferentes, sino que es la razón la que nos hace relacionar ambos estados con el mismo material. Por ello te digo que dudo de la realidad que conocemos por intermedio de ellos. Deberías distanciarte un poco de lo que sentís, de lo que vivencias, y pensar un poco más si nos conviene, aunque te lo digo con todo respeto y afecto, porque sos el amor de mi vida... dejame razonar con el vendedor.

—No, está bien, me parece muy interesante lo que dice, aunque yo no diría que la casa "me habla", sino que mi mente es la que me permite discernir gracias a la experiencia cual es la vivienda más adecuada —dijo el vendedor sonriéndole a Naomi.

—Sí —opinó Rubén—, además no veo cómo la casa y yo seríamos una unidad si somos dos entidades diferentes: yo soy un ser viviente racional, y la casa, un objeto inanimado.

—Sin duda, Rubén, usted tiene razón: somos dos cosas diferentes, pero Naomi se refiere a que llegó a la iluminación, al satori, eso lo puede entender otro oriental o alguien que practique la filosofía zen, la cual conozco, pero no practico.

—Amor —dijo Naomi—, si me permitís, prometo enseñarte el camino para llegar a la luz. Pero eso es algo a lo que no podés acceder mentalmente vía la razón, como estás acostumbrado, ni poniéndole toda la intención intelectual, sino que se alcanza precisamente cuando te despojas de ello, surge de un estado de no conciencia intelectual. Pero te puedo guiar para que lo alcances.

—Bueno, está bien —aceptó resignado Rubén—, pero ahora pensemos mejor cómo será nuestro futuro hogar. Luego hablaremos.

—Yo creo que su prometida lo que vivió fue que tomó contacto con algo superior.

—Sí, Dios, tal vez lo que recibió fue un mensaje divino.

—¿Cómo cree en Dios, si duda de todo?

—¿Qué mayor prueba quiere de su existencia, que nosotros mismos?, ¿acaso la perfección puede surgir de la imperfección? ¿O acaso cree que su existencia se la debe solo a su madre o a usted mismo? El mundo es demasiado perfecto como para surgir de la nada.

—No —dijo el vendedor—, no me cambie de tema, yo me refería a que la mente tiene una trascendencia corporal y espacial, existen infinitud de vías de mensajes más allá de la piel incluidos dentro del sistema mental, que se extiendan más allá de nuestro cuerpo físico, comparable a eso que algunos llaman Dios. Lo que quiero decir es que nuestra mente se expande al exterior, tal vez eso vivenció su prometida. ¿Verdad, señorita?

—Yo siento que tengo algo en común con su forma de pensar, ya que cuando abrazo el satori, mi espíritu está en conexión con el exterior, y este con mi interior. Ambos conforman algo parecido a lo que usted se refiere cuando expresa que la mente está afuera y adentro de uno y que están en conexión —contestó Naomi.

—Yo creo que están confundidos —dijo Rubén—, porque el espíritu y el cuerpo son dos entidades diferentes. ¡Y encima me dicen que el exterior y el interior se funden!, ¡que la mente está afuera y adentro de uno! Me están haciendo dudar más de lo que yo ya dudo. Aunque esto me hace pensar aún más en lo que estamos disertando. Si bien necesitamos de un cuerpo para movernos y andar, este no es nada sin el espíritu que le imprime una fuerza superior, que lo moviliza. Lo que me queda claro es que son distintos. ¿Razona usted con el cuerpo, o es con la mente que lo hace? Lo único que sé es que porque pienso, existo. Si pienso algo, es porque soy.

—Lo que yo le digo —expresó el vendedor— es que conocemos mediante un todo conformado por el cuerpo y por la mente. Es el sistema nervioso el que envía la información a la mente.

—Amor —dijo Naomi—, ¿por qué te empeñas en distinguir el espíritu de la naturaleza, tu mente del cuerpo, si forman parte de un todo armónico, sin jerarquías?, no hay una cosa superior a la otra. A eso me refería yo cuando dije que me uní con la casa y éramos una sola. Es en la unión entre el cuerpo y el espíritu en lo que coincido con el pensamiento del vendedor. Tenés que intentar pensar sin jerarquías, dejando de lado la mente como la gran mentora de todo, como el escalafón más alto.

—Puede ser —dijo Rubén—; de algo me convencieron: de que lo importante es sentir que esta es la vivienda adecuada para nosotros —y abrazó cariñosamente a Naomi—

Estando allí, Rubén pensó que era la casa indicada ya que en gran ambiente podría poner la biblioteca y el escritorio separados por algunos objetos simples como alfombras y almohadones, y por supuesto compraría mobiliario, para hacer las separaciones y para poder escribir largas horas sentado delante de la PC sus notas informativas y columnas de opinión.

Naomi por su parte, dispondría de ambientes luminosos y aireados para poder meditar según la filosofía zen en la que había sido criada se sentaría en posición de zazen[2] sobre el almohadón extendido sobre las planchas de tatami y su futuro marido podría tener los ambientes separados según lo que él creía que debía ser, el dormitorio. Usarían como él quería la cama para dormir.

Todo muy lindo como un cuento de hadas, pero luego de firmar el contrato y abonar, Naomi se dio cuenta que le faltó su regla y al hacer un test de embarazo casero emocionada le comentó a Rubén sobre su incipiente paternidad recapacitó, según su forma de pensar, como conservarían sus momentos íntimos, sin que su hijo o hija lo percibiera…y apesadumbrado se dijo a sí mismo: "No debí aceptar tan fácilmente lo que me decía Naomi ni dejarme influenciar por el vendedor".

---

[2] Posición de sentado para meditación.

# Nido de cucarachas

Rosalía era petacona, pero robusta, tenía cabellos de color castaño-rubio claro. Ya era mayor, era pensionada, y vivía sola en una callejuela suburbana del sur del Gran Buenos Aires. Su casa era una pocilga sucia y maloliente, semidestruida.

Hacía tiempo que sentía un profundo dolor de cabeza, y no sabía a qué atribuirlo. Un día cayó inconsciente en la vía pública; la llevaron al hospital y le hicieron una tomografía, porque se había golpeado la cabeza, sangraba, antes de desvanecer, convulsionaba.

Ella habitaba entre cucarachas, no las podía erradicar, estaban en sus pisos, en su mesada, en su alacena, en su refrigerador. Más de una vez, hasta en su comida —la gente le huía—, sus lavabos, en todas partes.

Solía dolerle el vientre seguido. En el hospital la estudiaron a fondo y pudieron ver viva en su cerebelo una cucaracha que había entrado por su oído, y había hecho nido. Su vientre estaba lleno de cucarachas vivas y muertas.

El suplicio comenzó con productos que traía del almacén, donde pedía fiado. Ese lugar estaba atestado de los inmundos insectos, que pronto se apoderaron de su casa. Ni los productos venenosos, ni las fumigaciones servían. Las cucarachas habían hecho nido en las paredes descascaradas y en los tirantes de su techo de chapa. Los viejos pisos de parquet les daban el cobijo adecuado, y las inmundicias que quedaban tiradas por el piso y en la cocina, sin lavar, eran el alimento.

Los médicos no sabían qué hacer, ella era un nido de cucarachas. Mediante ecografías y endoscopias, pudieron aseverarlo, ya que la estudiaron a fondo porque vomitaba negro. La intervinieron quirúrgicamente, y salió una eclosión de insectos, que la habían tomado por completo. De sus entrañas nauseabundas salían miles de cucarachas mezcladas con sus jugos gástricos, con sus heces, era terrorífico, su cuerpo estaba corroído.

Ella siempre estaba con náuseas, dolor de cabeza, hinchazón, ardor, y no podía vivir su vida. Se tomaba aquellos bichos en el mate, en el café, en los preparados culinarios, pero lo que la mató fue una que le había perforado el tímpano y había penetrado en su cerebro.

Tiempo antes había estado con desvaríos, creía haber visto cucarachas por la calle, se había tumbado al caminar, se había desvanecido y hasta alucinado. Le había dolido el oído, pero pensaba que era otitis, y había postergado la visita al médico... Sus vómitos eran frecuentes. Vomitaba negro, pero pensaba que era una úlcera.

Cuando los médicos vieron la magnitud del cuadro, no lo podían creer, y el caso tomó estado público, salió en todas las noticias.

Al fin ella fue famosa, en su juventud había querido ser artista.

# Los hijos de Belcebú

*Este cuento es solo ficción y no coincide con mis pensamientos.*

En el monitor, el Facebook estaba abierto; Marcelo, su amigo virtual, acababa de darle una cita. Mariana estaba contenta, hacía años que estaba sola, desde que su marido la había abandonado por otra mujer Mariana es locuaz, ágil, dinámica; por fin iba a conocer a Goliat, tal era el *Nick name* de Marce, como ella lo llamaba.

Nunca Había imaginado que iba a poder rehacer su vida; como tenía una hija de tres años, pensaba que todo iba ser más complicado, porque aunque es joven (tiene veinticinco años), a algunos hombres no les gusta ponerse en pareja a mujeres con hijos.

A Goliat Había empezado a tratarlo desde hace un año por chat, él vivía en la ciudad española de Córdoba -un argentino residente en España, según él-pero acababa de confirmarle que viajaría a Buenos Aires tan pronto como pudiera.

Mariana aún recordaba los momentos en que le había abierto el corazón y le había dicho cuánto lo amaba. Jamás había sido tan feliz, ni con el papá de su hijo. Lo que le sucedía con Marcelo era mágico, no era solo cuestión de piel. Ella jamás había soñado con algo tan auténtico, según sus pensamientos y sentimientos.

El momento de encontrarse llegó. Mariana estaba ansiosa. Se citaron en una confitería de Palermo. Ella había vestido con una minifalda recta con un tajo y un Spencer. Él usaba una camisa de cuello mao, llevaba el cabello rapado un mechón le caía sobre la frente; tenía un colgante con el símbolo de la estrella de seis puntas y un aro en la ceja. Él se acercó, la besó en la mejilla, ella sonrió complaciente, entonces él besó sus labios, se sentaron y pidieron algo para tomar, compartieron sueños como el de viajar juntos, formar una familia, ver juntos películas de esoterismo al calor del hogar y anhelos como terminar sus carreras universitarias de veterinaria, ella y el de Medicina. Por fin había llegado el momento de verse cara cara. El sueño de Mariana se había hecho realidad. La emoción le colmó el Alma enjugo sus lágrimas de alegría y le sonrió complaciente. Goliat la invito con submarino con medialunas de jamón y queso. Estaban merendando cuando él improvisó al comentarle sobre hechos esotéricos y películas de terror. Mientras hablaban entusiasmados sobre hechos esotéricos y películas de terror, él contó algo que nunca antes había mencionado: que pertenecía al clan de los hijos de Belcebú, un grupo que pretendía reposicionar al diablo en el mundo, que su padre Lucifer no intentaba destruir a la humanidad sino mostrarle el sendero verdadero, que no era el reino de los cielos sino el de los placeres terrenales; que la gula y la lujuria habían sido creadas por su Dios para garantizar el placer del hombre en la Tierra. De repente, como poseído, se levanta y expresas: "Belcebú dice que invoquen su santo nombre en vano, pues cuanto más lo invoquen y lo amen, mejor les irá. No tendrás dioses ajenos ni a Dios, Yahveh, si el único y verdadero Dios es Belcebú. No adoradores imágenes, si esta estrella de seis puntas es para que recordemos a nuestro Dios, como los católicos recuerdan y representan con sus imágenes a María, la Virgen, a Jesús crucificado y a los santos Guardarás el día del Señor, nosotros en ese día trabajamos para ofrecerle nuestro amor, como los cristianos que hacen oración, honrarás a tu padre y a tu madre, ¿qué mejor manera de honrarlos que siendo fiel a tus convicciones y teniendo coherencia, como la tiene nuestra filosofía de vida? ¿No robarás? ¿Y si tu familia tiene hambre..., no lo harías? No dirás mentiras... ¿y si alguien sufre por una enfermedad terminal, no le mentirías por piedad?" Y hubiera podido seguir... Ambos eran ateos por lo cual no le extrañó a Mariana o quizás fuese un simple delirio, su tía era esquizofrénica, se sentía entre horrorizada y conmovida a ayudarlo, titubeaba.

Marcelo le explicó: "Que no desearás la mujer de tu prójimo, en el enunciado mismo te darás cuenta de que fue creado por un hombre..., porque no dice 'No desearás el hombre de tu vecino' ".Los habitúes de la confitería lo miraron extrañados, el mozo quería llamar al 107, emergencias médicas, como presiente que la gente se horrorizó Marcelo toma asiento y continua hablando en voz baja: "Si deseas estar vivo, aparte ya lo dice el psicoanálisis, aquello que no se tiene siempre es objeto de deseo, ni bien lo obtenemos forma parte de nuestro paisaje de formación, deja de ser deseable para ansiar otro objeto de deseo que reemplazará este. Es como una ley universal" Por momentos él la convence.

Ella pensó que había un montón de sectas: los Are Krisna, los testigos de Jehovah, por ejemplo.

Él continuó su monólogo: "hasta el mandamiento cristiano 'No matarás' es cuestionable.

—Decime, si alguien te ataca, ¿no lo matarías, en defensa propia? Por eso nosotros decimos "No matarás, al menos que las circunstancias lo justifiquen, y si lo haces, nadie te juzgará", porque para la bestia todo está bien, y él nos aman; aunque reconoce que Dios nos creó, él es el hacedor de nuestra vida terrenal.

Mariana estaba desencajada, no podía creer lo que su Marcelo le decía, hizo un gesto como para levantarse, él la tomó de las manos y le dijo:

—Mariana, sos la mujer de mi vida, te amo.

— Me asustas con lo decís, te desconozco —contestó ella.

—Es la filosofía que gobierna mi vida —respondió él—. Me gustaría que conozcas la congregación.

Ella titubeó, dudó. "No sé si alejarme sin decir nada", pensó. El vio que ella se incomodaba y cambió de tema:

— Contame de Alma, tu hija: ¿Con quién la dejaste?

—Con su abuela, está bien —respondió Mariana.

— ¿Qué te parece si salimos los tres juntos, así nos conocemos? —dijo Marcelo.

—No sé, déjame pensar —respondió Mariana, que ya dudaba mucho de ese amor, pero estaba indecisa

—. Me gustaría mucho formar una familia con Alma y con vos y tener más hijos… ser un gran familia. No sé… ¿a dónde te gustaría que vayamos?, ¿te parece el Jardín Zoológico?

Ella había aprendido a amarlo en largas charlas por chat en las que creía que imaginaban que desnudaban sus almas, creía que todo lo que había dicho de Belcebú era un simple delirio de él, quizás necesitaba ayuda y era paciente psiquiátrico, ella veía tan solo la bondad con la que la trataba y la dulzura, pero estaba impaciente pero a la vez dudaba, no sabía si seguir con esa relación o huir de él. Lo que la movía era su propia soledad, el miedo a no encontrar nunca más un hombre dispuesto a amarlas a ella y a su hija…

—. Pasaré a las once a buscarlas, así la nena no se la nena no se levanta temprano

—. Bueno, te estaremos esperando, anota mi dirección por si no la recordás: Melo 348- dijo titubeando, pero creída que hacía lo correcto, ella conocía al movimiento humanista y sabía que eran un grupo que albergaba gente diversa y ya había dejado de pensar, que estaba delirando-.

Al día siguiente se reencontraron y no volvieron a hablar del tema, disfrutaron de la salida como una verdadera familia, ella estaba necesitada de amor. Su ex la golpeaba a ella y a su hija, era un hombre alcohólico, policía de profesión que gozaba poniéndole el arma en la sien y haciendo como si dispararse, además ejercía contra ella violencia; en cambio, Goliat la trataba amorosamente. A Alma le cayó muy bien, Marcelo, que le compró palomitas de maíz, manzanas acarameladas, de todo, e incluso cuando Alma se tropezó curo su herida y le puso una curita.

Mariana estaba feliz, no lo podía creer, al fin su sueño se había hecho realidad pensó que había encontrado a un hombre bueno, luego de tanta atrocidades vividas con el padre de su hija Al terminar el día, el las invitó a comer en un restaurante de los alrededores. Ella le expresó lo contenta que se sentía, por fin se sentía respetada y querida. Él la quiso besar, pero ella se negó diciendo que primero quería hablar con Alma, su hija era lo más importante para ella. Alma, que cenaba milanesas con puré, no cesaba de hacer garabatos con el puré de papas y hasta se sentía feliz de ver a su mamá dichosa.

Él la tomó de la mano y le dijo:

— ¿Por qué no vienen a la congregación a conocer a la gente?

—No, mira, no me gustan las cosas raras —respondió ella.

—Mariana, no te asustes, es solo un grupo filosófico, hay gente de todas las religiones. No somos una secta, como vos decís, vas ver a gente con niños. Somos como los del Movimiento Humanista que hay gente de todos los credos y religiones.

—No, no. Llevar a Alma no me parece.

—Si no la llevas, voy pensar que no crees en mí. Mira qué bien nos llevamos y cómo la nena se ríe conmigo.

—No sé, no sé, déjame pensarlo —respondió ella—. Mucho no me gusta todo eso que me decís, no me gustaría ir.

—Me dijiste que me querías igual, que no te importaba el tipo de filosofía que yo practicara.

— No me parece una buena idea ir con vos. No me molesta que vos vayas, pero… ir con Alma. No se dejame pensarlo.

—A las seis de la tarde. Yo paso buscarte. Eso sí: los niños van vestidos de blanco. ¿Tiene Alma algún vestido blanco?

A Mariana le extrañó la pregunta.

—Sí, lo sé... está bien. ¿A qué hora es?

—No entiendo por qué.

—Porque representan la pureza. Nada del otro mundo.

—Está bien —respondió Mariana, temblorosa pero como hipnotizada

Al día siguiente, Mariana ya había contado a Alma que intentaba formar una familia con Marcelo, le preguntó qué le parecía él como papá, y cuando Marcelo intentó besarla, ella lo dejó, y partieron juntos a la congregación.

Sobre el altar se destacaba una estrella de seis puntas, como la del colgante de Goliat. Los hijos de Belcebú los recibieron con un *lunch*, con sándwiches de miga y gaseosas y vino. A la niña le dieron agua porque decían que era mejor para su salud, y la madre tomó una gaseosa. Al poco tiempo, madre e hija se empezaron a sentir mareadas, y se tumbaron.

El maestro de ceremonias dijo unas oraciones en nombre de Belcebú y expresó que para agradar al diablo debían dar en ofrenda un corazón puro.

Ya en estos momentos la madre estaba inconsciente y la niña también, habían agregado un fuerte somnífero a sus bebidas. Los integrantes de la congregación, el Pae asistido por cinco más tomaron un cuchillo y descorazonaron entre gemidos que emanaban de su inconsciente a la pequeña mientras entonaban cánticos a San La Muerte. El pequeño cuerpo de Alma quedó todo bañado en sangre, mientras en su inconsciencia gemía agonizando hasta morir.

A la madre la dejaron tirada en un paraje descampado, cuando reaccionó, no entendía nada, pero sabía que algo malo había pasado. Nunca más supo de Marcelo, ya que ni su dirección sabía, era muy crédula ella.

Cundo el personal de la Policía fue hasta donde se hallaba la congregación, estaba todo desmontado y vacío. Sin ningún rastro de nada.

Alma fue reportada como desaparecida a Missing Children y nunca más hallaron su cuerpecito.

La madre padeció depresión mientras recapacitaba: *"Si conoces extraños de las redes sociales pueden falsear su identidad y no conoces sus propósitos. Internet permite ser uno y muchos más. No sabemos quién está detrás del monitor o del móvil hay que ser precavido"* pero su vida no duró mucho y se suicidó tomando una alta dosis de barbitúricos, murió sola en su pieza.

# ¡POR UNOS CENTAVOS!

Alegres callejuelas plagadas de sol humeante, el alboroto de los niños en las escuelas, risas locas, bullicio, gentío.
    Como todas las tardes, los niños regresaban a sus hogares. Eran las cinco, aún faltaban horas para terminar la jornada. Noviembre no daba paso al último mes del año.
    Las calles empedradas tenían un no sé qué de las calles de antaño.
    Era viernes, el último día hábil de la semana, y Buenos Aires no les daba tregua a sus habitantes. Algunos iban o volvían de sus trabajos o estudios. Para Micaela era un día sin ton ni son, sin glamour ni dicha. El hambre le hacía crujir el estómago, no conseguía trabajo, tenía sus estudios incompletos, eso y la falta de experiencia le jugaban una mala pasada. Harta de que los hombres la viesen como un juguete sexual y de que ninguno le diera nada, comenzó a cobrar por sexo, por ofrecer sus servicios... Se paraba en una esquina, y allí pasaba horas esperando a un cliente, cuando no salía a deambular. No conocía mucho el oficio, los hombres lo sabían, y más de uno le quedaba debiendo, o le daba una miseria. Sus jóvenes años le impedían ser profesional, se enamoraba, cobraba menos, hacía gala de sus artes más por *hobby* que por dinero, este nunca le redituaba.

Trabajaba de lo que comúnmente se llaman "puta", pero ¿qué mujer nace para ser puta?

Cierto día fue con un cliente a un hotel alojamiento. Ella se disponía a hacer gala de su oficio. Se despojó de su diminuta minifalda y de su top rojo frenético, se hundió en las sábanas blancas, y cuando estaba pronta a tener sexo con el hombre —que tendría unos 40 años, era petiso, algo panzón y medio bizco—, vio que este sacaba de su gamulán un arma blanca que destellaba en sus negras pupilas.

El hombre se llamaba Aníbal, cuyo nombre ella desconocía. Él se alistó para perpetrar el crimen en venganza de su hermano muerto en idénticas condiciones, tiempo atrás. Isaías había sido arquitecto de profesión y había sido asesinado en un lupanar a manos de una mujer de la vida, como llaman a la profesión más antigua del mundo.

Aníbal se abalanzó sobre la muchacha y comenzó propinarle una puñalada tras otra. Cuando ella estaba desangrándose en la habitación, él se fue, la dejó muy malherida.

Micaela creyó que moría, se cubrió como pudo con una sábana y arrastrándose, dejando una estela de sangre a su paso, llegó hasta su cartera, marcó el 911, contó lo ocurrido y se desvaneció.

La trasladaron al hospital más cercano, le hicieron las curaciones y la cuadricularon toda con puntos en los lugares que lo requerían, por suerte las heridas no eran profundas y no le habían tocado ningún órgano vital.

El tiempo transcurrió en el hospitalucho, pasó asistida por los enfermeros y en pleno abandono..., pero al restablecerse, siguió muriendo de hambre.

Ella temía decirles a sus familiares en el exterior cuál era su situación. Por lo que siempre relataba que estaba bien, trabajando en servicio doméstico en el hogar de una señora mayor; ya no podía ejercer como puta, pues había quedado desfigurada y verla causaba impresión. Comenzó a trabajar con algunos clientes que ya la conocían por chirolas[1], y cuando no, mendigaba.

El autor del delito nunca fue hallado, el atacante llevó el arma blanca consigo y no dejó huellas, pues usaba guantes.

Para Micela atrás quedó su Cuba natal. Por suerte pudo contar la historia, muchas no lo consiguen. Hubiese sido un caso de femicidio más por caer en manos del tirano de turno.

¿Habrá alguna ley o ayuda social que proteja a estas mujeres, planes sociales o de inclusión, más allá de repetirnos hasta el hartazgo que ninguna mujer nace puta? A viva voz gritamos: ¡Ni una menos![2]

---

[1] COLOQUIAL·ARGENTINA
(chirolas)
Cantidad pequeña de dinero, especialmente si se trata de monedas.

[2] Extracto de la carta orgánica de NI una menos: "Ni una menos nació ante el hartazgo por la violencia machista, que tiene su punto más cruel en el femicidio. Se nombró así, sencillamente, diciendo basta de un modo que a todas y todos conmovió: "ni una menos" es la manera de sentenciar que es inaceptable seguir contando mujeres asesinadas por el hecho de ser mujeres o cuerpos disidentes y para señalar cuál es el objeto de esa violencia.

Esa consigna desbordó las interpelaciones previas del feminismo, desde donde la violencia machista se viene denunciando hace décadas, pero al mismo tiempo, desde la primera marcha del 3 de junio de 2015, la calle y el documento demostraron que la fuerza que se movilizaba era un impulso feminista, se reconociera o no albergado en esa palabra, en su pluralidad de tonos y voces.

(…) Ni Una Menos es un colectivo que reúne a un conjunto de voluntades feministas, pero también es un lema y un movimiento social.

Ese movimiento plural y heterogéneo hizo que en poco tiempo en cada hogar, sumado o no a la lucha en las calles, puedan identificarse pequeñas iniquidades y violencias cotidianas como acciones que agravian las biografías y cercenan la vida en libertad: de poder decir sí o de decir no. Este movimiento quiere permear las bases de la desigualdad, y transformarla.

(…) Crear formas de vida y crear organización feminista, capaz de trabajar desde la heterogeneidad y con el máximo de los respetos a la pluralidad que nos constituye. Eso implica el respeto a quienes se definen como trabajadoras sexuales, a la vez que denunciamos los modos de explotación y reducción a la servidumbre que implica la trata. Debemos construir ámbitos organizativos en los que cada voz sea audible y cada cuerpo cuente.

(…) Ni una menos, el Colectivo, surgió de transformar el duelo en potencia: vivas nos queremos. Eso sigue implicando resistir a los intentos de captura de nuestra voz colectiva y construir estrategias para corrernos del lugar en el que

las interpelaciones públicas quieren ubicarnos: el de víctimas. Nosotras no nos reconocemos como víctimas –hayamos o no sido victimizadas– ni nos dirigimos a otras mujeres, incluso las que sufren o sufrieron violencia, como víctimas, sino como sujetas de creación, potencia de hacer, voluntad de transformación. La palabra víctima no es un adjetivo permanente: nos mueve el deseo de una historicidad biográfica de mayor libertad y autonomía. En ese sentido, desde el momento en que salimos a la calle, lo hacemos como sujetas políticas, con la enorme responsabilidad por las que ya no están y con el claro compromiso con las que están luchando para tener una vida que deseen vivir.

(…) Ni una menos no es un colectivo partidario, pero sí es político y articulamos con otros colectivos que se reconozcan en objetivos comunes, sin perder nuestra autonomía. Somos un colectivo que se construye a distancia del Estado y de los partidos políticos, de las empresas y del capital. Autonomía y transversalidad son necesarias para un movimiento de mujeres que propone reformas a la vez que sabe que debe cambiar todo".

# La groupie

Su sueño más adorado era ser estrella de *rock and roll*, pero no tenía la más mínima aptitud para la música, no tenía ritmo, ni melodía, ni podía llevar un compás. Era tanta su aspiración, que quería ser la novia del líder de su banda favorita. Así era Claudine.

Claudine era una chica de barrio. Poseía una larga cabellera ondulada y castaña, ojos pardos, labios carnosos, nalgas firmes y pechos pequeños. Andaba siempre en calzas negras con remeras negras ceñidas.

La habitación de Claudine estaba cubierta del póster de Ramiro, el líder de su banda favorita. Ella solía escuchar sus canciones recostada en su cama mientras enrulaba su larga cabellera.

En el barrio, a unas cuadras, había un vecino que tenía una banda que se llamaba La hecatombe, que hacía *covers* de la banda favorita de Claudine.

Los muchachos estaban caldeados con las curvas de la chica y le propusieron hacer los coros, aunque cantaba mal. Le plantearon que para estar en la banda debía tener sexo con los músicos. Era tal el deseo de ella, que aceptó sin dudarlo.

El sexo, por cierto, le atraía. Sin notarlo se convirtió en la *groupie* preferida de la banda, la que tenía derecho a hacer los coros. Pasaba sus tardes en el garaje de uno de los músicos.

Poco a poco fue estando en la boca de todos sin darse cuenta. Sus juveniles años no le permitían discernir.

Le decían "Clau, vení, que vamos a ensayar", y la chica ya sabía lo que significaba, y aceptaba. Tenía sexo con el guitarrista, el cantante, el bajista y el batero. Solían tener sexo grupal entre los instrumentos. A ella le gustaba sentir placer. La tiraban al piso entre los equipos y se la montaban antes y después del ensayo. Ella era feliz con asesorar en imagen a los músicos y con hacer los coros.

Poco a poco en el barrio se empezó a correr la voz, y ya nadie la tomaba en serio.

Solía pasársela a cambio de entradas, de tragos, de falopa[1].

Casi sin percibirlo entró en el negocio del sexo, pero a cambio de chirolas[2], por transas insustanciales. En el barrio se la habían pasado todos. Y sus servicios ya eran conocidos por la mayoría. Poco a poco, comenzó a ser la putita del barrio.

En cada hombre que la tocaba veía a su padre, que la había abandonado. Su madre, que trabajaba de costurera, no había podido con ella. En primer año había quedado libre y no había conseguido rendir los exámenes. Así que había trabajado como niñera de las hijas de su vecina, Laura, pero esta, al ver que la chica tomaba malos rumbos, la había despedido.

Solía escaparse a la matiné con Romina, una amiga, y volver ebria con olor a marihuana, bajando siempre de un auto distinto Así fue que ella empezó a ver redituable el negocio del sexo.

Poco a poco se convirtió en una profesional del sexo; atrás quedaron sus sueños de ser cantante, empezó a girar por las zonas rojas con ropa diminuta muñida de una carterita donde ponía lo que ganaba por sus servicios. Más de una vez, tras tener sexo, la habían fajado y le habían robado lo que había hecho en el día, pero ella continuaba con su labor, pues no sabía hacer otra cosa.

---

[1] Falopa: Droga en lunfardo, dilecto argentino.
[2] Chirolas: Poco dinero, monedas, en lunfardo, dialecto argentino.

Su adicción a las drogas se hacía cada vez más fuerte, y en ocasiones a ciertos tipos solos se los bancaba si estaba bolada. Con el tiempo, entre su exceso de droga y su labor se fue convirtiendo en una piltrafa humana, y ya no requerían como antes sus servicios, entonces empezó a robar y se puso en pareja con un maleante, al que siguió a Entre Ríos. Él sólo quería que ella le diera parte de las ganancias que hacía puteando, pero como nadie la soportaba, y ella quería compañía, lo aceptaba.

Él acostumbraba tomar mucha cerveza, y cuando estaba con unas copas de más, le pegaba duro, piñas, cachetadas, patadas. En una de esas golpizas, la noqueó, y los vecinos que escucharon los gritos llamaron a la Policía. Él terminó preso, y ella en el hospital. Su cadavérico cuerpo luchó un par de horas, pero él la había reventado por dentro. Ella agonizó horas sola, tirada en una camilla de un hospital.

Había sido la chica de más de uno, y su gran anhelo había sido ser cantante, solo que había tomado el rumbo equivocado. Partió de este mundo sin pena ni gloria, sin que nadie lo notase siquiera.

En su tumba nunca hay flores, y la maleza crece por doquier, como crecían en vida sus sueños…

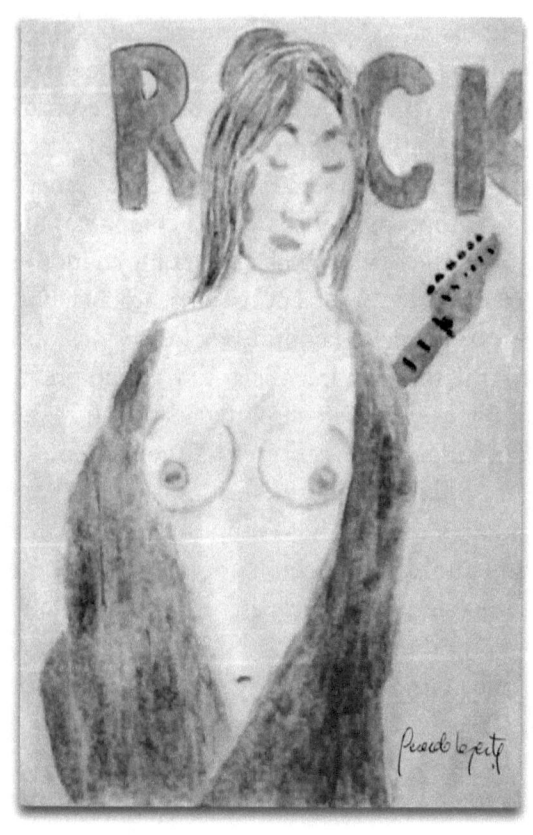

Ilustración Gerardo Lazarte

## Mirna y su ansiado clímax

Mirna era una joven muy voluptuosa. Rondaba los 25 años. Su larga cabellera de sol acariciaba sus glúteos. Era alta. Delgada como las gacelas. Sus largas pestañas arqueadas dejaban entrever unos ojos color miel que ocultaban algo que atrapaba a los hombres. Gustaba del buen vestir, sus ropas siempre eran ceñidas y diminutas, pero de marca. No porque tuviese clase. Los hombres se fascinaban con su figura curvilínea. El *rouge* rojo era la marca registrada de sus besos y de sus tragos. Bebía por placer y para no recordar los intrincados laberintos de su vida. De niña lo había tenido todo: mayordomos, sirvientes, chóferes... una vida de lujo, pero sus padres habían caído en la ruina por una mala inversión en la que habían depositado todas sus fichas.

Ella cursaba el programa Fines[1], porque sus estudios secundarios se habían visto interrumpidos por la situación económica de sus padres, lo que la llevó a trabajar como camarera.

Había tenido varios novios. Al primero lo había amado. Los otros simplemente habían sido su juego. Los usaba para gozar nomás.

Se había convertido en libidinosa. Gustaba de toda clase de juguetes sexuales, consoladores, penes dobles, etc. Había

---

[1] FINES: Programa destinado a que los mayores de 18 años puedan completar los estudios secundarios, en la Argentina.

entrado en la perversión del hartazgo que ya le producía el sexo normal. Tenía hastío de sexo. Y quería más, pero no encontraba el placer en nada, de tanto que había probado.

Su meta era el goce, pero su ansiado orgasmo tardaba más y más en llegar, y no lo obtenía con relaciones normales.

Cierto día fue a la casa de aun amigo veterinario, muy bichero él, llamado Juan. Ella vio una víbora. Le dijo a Juan, que era un amigo con derecho a roce, que quería probar nuevas experiencias, y llevaron a la cama al reptil sin pensarlo. Ella asió la víbora del cuerpo e introdujo su cola en su vagina una y otra vez hasta llegar a su ansiado orgasmo. A veces participaba de orgías en que copulaba con varios hombres a la vez y les rogaba que la mearan, porque el rocío con el agüita amarilla calentita le daba placer, así era Mirna. En las orgías tenía sexo hasta con tres hombres a la vez: uno la penetraba por el ano, otro por la vagina y otro por la boca. En el sucumbir y el agotamiento alcanzaba su añorado clímax. Ya no tenía límites en la cama. Y se preguntaba "¿Y ahora qué?". Nada le alcanzaba. El extralimite era su límite, y su ansiado orgasmo, la meta. Primero empezó por *hobby*, por amor al arte, como quien dice. Luego empezó a cobrar, porque quería volver a tener la situación económica que había perdido. Lo que nunca nada le devolvería sería su primer sentir. Eso ya lo había perdido para siempre.

En su casa abundaban la literatura erótica y los juguetes sexuales, pero ella ya estaba harta de aquello y comenzó a probar con las drogas y el alcohol.

Una mañana la encontraron muerta en su departamento en el Microcentro, por sobredosis de cocaína. Nunca nadie la recordó. Fue solo un chiche de placer.

# La historia de Lucrecia y Diego. Una pasión a ocultas...

Lucrecia tenía pechos turgentes y la cola abultada, todos los hombres se excitaban con ella. Todas las tardes iba a cursar Psicología en la Facultad. Hacía tiempo que veía a un púber pasar en bicicleta. Se cruzaban, intercambiaban miradas, pero Lucrecia no se animaba a decirle nada, porque él era muy joven, y ella ya rondaba los treinta años. Además, ella estaba de novia con José, un arquitecto.

Un día el jovenzuelo se le acercó y le dijo que era linda, que le gustaba, Lucrecia se calentó enseguida, porque él tenía los labios carnosos, largos bucles que le caían por el rostro y el pene abultado. Con solo verlo pudo sentirse excitada, sintió ganas de tener sexo con él. Le dijo a las apuradas que se vieran al día siguiente, al anochecer, en unas casitas que estaban en construcción.

Allí se encontraron los futuros amantes. Ella lo besó y enseguida le bajó la cremallera del jean, su glande estaba rojo y caliente, hinchado. Ella no dudó un instante y acercó sus labios a la polla. La lamió con ganas mientras le decía que hacía tiempo quería chupársela... Él le decía que siempre había soñado con ella, pero que pensaba que no le daría cabida porque era muy joven... y él la veía pasar con su novio abrazados. Mientras se llevaba el pene a la boca, Lucrecia lo amasaba con ganas con sus manos una y otra vez, lo acariciaba con su lengua, se lo pasaba entre sus pechos. Tenía los pezones duros, eréctiles. Una gotita tímida de semen se le escapó a Diego, el pibe. Lucrecia se relamió. El lugar era de terror: eran casa en construcción, sin puertas ni ventanas, solo estaban las paredes, pero a los amantes no les importaba la incomodidad sino la calentura que tenían. La oscuridad de la noche les cubría los rostros y apenas los dejaba ver. De pronto un chorro de leche caliente salió de su pene y le enchastró la cara a Lucrecia, que se relamía juntándola con los dedos para poder saborearla y no desperdiciar ni un poquito. Su sabor le encantaba. Diego gemía de placer, era la primera vez que se la chupaban, y solo quería volver a encontrarse con ella para que le hiciera aquello nuevamente. Le dijo que en la casa lo esperaban con los mandados que había hecho, maíz para las gallinas de su abuela. Quedaron en volver a encontrarse al día siguiente, y así lo hicieron.

Los encuentros eran fugaces: él se iba pronto con su bicicleta porque no lo dejaban volver muy de noche a su casa, al día siguiente tenía que ir al colegio a estudiar. Ella, también, iba a estudiar y se encontraba un rato antes de cursar con él, también a las apuradas, porque su novio no dejaba de llamarla y de enviarle mensajes de amor. Ella estaba recaliente con el pendejo[1], y cuando él se le acercaba, se mojaba toda. Con solo tocarla un poco, su clítoris se hinchaba, pero pensaba cómo podrían coger ahí en el piso de cemento. Un día ella le dijo de verse en un hotel, pero tendrían que viajar lejos hasta el lugar de la cita e ir por separado para que nadie sospechara. Ellos vivían en Adrogué, Argentina, y se fueron hasta un hotel en Belgrano. Ella le mintió a su novio, le dijo que tenía que hacer un trabajo en grupo con los compañeros de la facultad, y Diego también se inventó una historia. Fueron de día, temprano. Una vez en el hotel, cogieron a lo loco, era la primera vez de Diego, él no paraba de decirle que el sexo era lo más

---

[1] Pendejo: Jovenzuelo en lunfardo, dialecto argentino.

lindo que había. Ella pagó el hotel. Se había llevado medias negras caladas con portaligas y *baby doll* transparente rojo. Él le lamía las tetas, le pasaba la polla por la cara, por los pechos, le tocaba su clítoris con la mano como ella le decía, para satisfacerla. Ella lo guiaba y se acomodaba el pene en su vagina con la mano, porque él sabía poco, estaba aprendiendo con ella. Él comenzó a galopar dentro de ella, y Lucrecia no paraba de galopar también, de menearse con la polla dentro. Estaban tan calientes, que no tardaron en llegar al orgasmo. Y el clímax se vio reflejado en sus rostros. Cuando terminaron, se dieron un baño en el *jacuzzi*, cuidando no mojarse el cabello para que nadie desconfiase...

Al terminar, ella le dijo si quería comer pizza, y fueron a una pizzería que estaba por la zona de Constitución. Él se comió casi una pizza entera, le dejó solo una porción a Lucrecia, que no comía más porque cuidaba su figura. Lucrecia le dijo que solo se verían para acostarse y que debía buscar novia, pero... la verdad era que ella no paraba de pensar en él, y siempre que podían, se veían en las casitas para que se la chupara largo y tendido. Para Lucrecia era un manjar, carne fresca, y para Diego era su sueño: que una mujer madura, experimentada, tuviera sexo con él. Nadie sospechaba nada. Cada tanto se veían para coger, pero empezaron a ir a un hotel que quedaba más cerca, en Temperley, a media hora de viaje. Y como siempre, combinaban una hora y se encontraban en la puerta. Ella pagaba el hotel. Y él la satisfacía, como ella a él. El novio de Lucrecia, Raúl, ya era un hombre maduro, como de unos cuarenta años, y no tenía el vigor que tenía Diego, que la calentaba más. Ella enseguida se mojaba, y no le costaba llegar al orgasmo. Él era su perdición, y sus perlas de carne su regalo más preciado. Le gustaba chuparlas, aspirarlas. Metérselas enteras en la boca, y él no paraba de gemir de placer. Nadie la había calentado tanto. Con solo mirarse, ya se desnudaban...

# Poemas

# ¿Pasional o intelectual?

Mi intelecto le pide a mi pasión que ésta aminore su marcha,
pero ésta loca y frenética no escucha razón alguna...
Soy pasional en todo lo que hago y a veces,
la pasión oculta el sol del nuevo día, apresura su marcha
y obnubílese la razón, que agazapada clama por conquistar su
 [poderío... ¿Me quieres loca? ¿Me quieres viva o tan solo
 [razonante e intelectual?

## Gestación artística

Articulando un binomio perfecto,
a pasionales ósculos
con la realidad y la ficción;
gesto, pese al kamikaze
del *background,*
un torbellino de ideas.

# Poesía

Sangre corriendo por tu pluma,
sosiego para el alma.

Poesía,
luz en las tinieblas,
candor para el alma.

Poesía,
loco frenesí,
sublimes ansias.

Poesía,
el todo y la nada.
Un instante que se perfila incesante.

La génesis gestal.
La adrenalina al tope.

La pasión de vivir

# Poema inédito

Poesías enterradas
en cajones, en armarios...
Escritos olvidados/borrados.

***Poesía:*** alimento de náufragos.
***Poesía:*** palabras bañadas en sangre.

*Poesía inédita*/oculta,
ni siquiera compartida, comprendida
poesía que se abre...
solo por ser escuchada, amada y
comprendida.

*Poesía* que transita por la vida.
Poesía que ya tiene
nuevos aromas, nuevas fronteras...

*Poesías* enterradas
en cajones, en armarios...
Escritos olvidados/borrados.

*Poesía* oculta, ***inédita***.

# Solo poesías (mayo de 1996)

Solo poesías son las que
cubren y acompañan mi alma,
son las que la escoltan.

Solo escritos, ¡sí!, solo poesías...

Poesías de amor, de muerte, de soledad...

¡Sí! Solo ellas son testigos certeros
de lo que mi ser vivió.

Un lápiz, una birome, una máquina...
son el arma más valiosa para mí.

Solo poesías...
ni más ni menos que poesías.

Porque cuanto se dice,
cuanto encierra un verso...
un escrito...

¿Cuánto?

¿No es así, hermano ***POETA***?

# Versos...

Que atestiguan
fielmente,
los sucesos del ayer,
del hoy,
del mañana.

Testigos fieles
de mis lágrimas,
de mis risas,
de mi llanto.

*(2º cuatrimestre de 1999)*

# Escribir...

Mis versos no tienen tregua,
como no tienen tregua mis ansias...
Escribir es un sosiego
para mi alma atormentada.

Vengo de la locura,
vengo de lo insano...
vengo de lo erudito
y de la sangre que brama
por las venas.

Mi arteria late por arte...
y el arte me llama.
Los versos me calman,
me relajan,
y la pintura late fuerte...
me adrenaliza...

Si tu técnica no es mi técnica...
y si no tengo táctica y estrategia
¿Puede alguien odiarme o amarme por ello...?
¿Se puede alguien sentir insultado por mi arte?

La vida es un continuo aprendizaje...
soy un aprendiz de la vida, del arte...

# Caballo alado

¿DÓNDE ESTÁ MI CABALLO BLANCO ALADO, O
　　　　[MI UNICORNIO, QUE ME LLEVE AL EDÉN?
*UBI SUNT* ACASO PERECIÓ SIN NACER...
MI PARAÍSO ERES TÚ, EL PARAÍSO SOY YO.
EL EDÉN ESTÁ CERCANO Y LEJANO A LA VEZ.
NECESITO MI CABALLO ALADO PARA QUE ME
　　　　[LLEVE EN VUELO CÓSMICO A ÉL, ASIDA A SUS
　　　　　　[CRINES, GALOPARÉ POR LOS VIENTOS,
Y CRUZARÉ LOS MARES DE LOS ENSUEÑOS Y DE
　　　　　　　　　[LA IMAGINACIÓN.
LO PLASMARÉ EN TEXTOS CON LOS QUE
　　　　　　　　[PUEDAN TODOS VOLAR.

# Tiempos

El pasado perpetuo
agoniza en los tiempos.

El presente es el cimiento
del futuro, y el futuro es incierto
como incierta es la vida.

En el transcurrir por ella,
somos nuestros propios artífices.

# Hijo

Hijo, piel de ébano y algodón,
rizos de noche.
¡Tu existencia hace florecer mis días!
Te imaginé, te anhelé desde siempre.
Te soñé desde mi útero,
con tu rostro real.
Si mis pasos a tientas sirven o servirán…
para aconsejar tus días…, bienvenidos sean…
Sos mi remanso en la tempestad,
mi luz en la oscuridad.
¡Sos mi deseo de vivir!
Mis deseos de verte crecer y desarrollar.
Sos mi meta más añorada.
¡Que en la vida alcances la plenitud!

Mamá

# Bebe

El clamor de tu mirada sabe a miel...
tus manos cariñosas me colman de amor.
Las luciérnagas de tus ojos me iluminan el transitar,
así eres tú, hijo.

## Dante

El candor de tu mirada
es el abrigo de mi alma…
Tus inusitadas respuestas,
un salero para días…
Eres luz, eres alegría,
ser amado.
Lo eres todo y más…
¡Más que el sol, más que la luna!
¡Cobijé tus días…,
y tú mi corazón!
Te veo metamorfosear…
Ya no eres más niño…
Eres mi oxígeno
ante tanta polución
Lo eres todo y más…

*Dante óleo-* M. A. Miljiker 33x 50 cm

## La amistad

Amigo es aquel que te tiende una mano fraternal.
Amigo es aquel que es feliz con tus logros.
Amigo es aquel que llora con tus penurias y desencantos…
Amigo es quien te ayuda a progresar y alcanzar la cima.
Amigo es aquel que lucha y pelea por ti ante las adversidades.

Un amigo es un hermano del alma.
El ser que elegimos para que nos acompañe en nuestro
                              [transitar por la vida,
hasta el fin de nuestros días.

No todos son amigos, algunos simplemente son compañeros,
                                        [colegas.
La palabra "amistad" es sublime, porque es uno de los
                            [sentimientos más sublimes y puros.

# Poesía dedicada a Burzaco, mi barrio

Mi barrio y mi nube de algodón.
Transitaré las calles de luna nueva,
recorreré caminos olvidados, recordados,
y en esas callejuelas...
ya no está mi ansiada vida de algodón.
Resistiré el cambio.
Resistiré el dolor.
Mi paraíso eras tú,
mi nube de algodón,
y toda mi piel gime por vos...
Vos no sos carne, no sos tangible...
sos mi sueño, mi imaginación,
el tiempo que pasó,
donde no existía la desolación,
todo un barrio que pasó,
como pasan los amaneceres,
una vida que quedó encallada
en el recuerdo.
Resistiré, y ya no existirá el dolor.
Toda mi piel buscándote...
Transitaré las calles de luna nueva,
recorreré caminos olvidados, recordados,
y en esas callejuelas...
ya no está mi ansiada vida de algodón.

*Estación de Burzaco.* 2000

# El ABC

El paso del tiempo
ha trazado telarañas en sus rostros,
pero sus almas permanecen impúberes.
una tabla rasa donde todo está por redactarse,
decían antaño.

En cada trazo
realizado con fervor
se ven sus ansias de progreso.

M a: ma
d i a: día

El trabajo del alfabetizador
es una labor dura y reconfortante.

Lograr emancipar al alumno
y que piense por sí mismo
es su labor más añorada.

## Decálogo de lo que debí

Debí haber visitado más lugares extraños,
debí entregarme a las relaciones imprevistas,
debí haber tenido más sexo,
debí haber andado más en bicicleta,
debí haber confiado menos en la gente,
debí no haber entregado el alma al poco tiempo,
debí haber comido más bombones,
debí no dejar amistades en el camino,
debí haber disfrutado más los buenos momentos,
debí haber sabido tomar decisiones,
debí no confiar en algunos consejos errados,
debí creer en la palabra "amistad" cuando yo estaba mal,
debí haber pintado más cuadros,
debí haber sido más feliz,
debí no haber tirado de la cuerda cuando ya no daba más,
debí no haber dejado pasar mi vida por los demás,
debí haber sufrido menos cosas malas, pero fue la vida.

Quieres saber?, pasé más cosas malas que buenas... Eso pasé...
        [lo malo que pasé anida en mi corazón y es mío.

## Sensaciones

Ciertos días, cuando el viento golpea fuerte y llueve...
El aroma a cabellos y tierra húmeda...
Ese remanso que me producen esas largas caminatas, entre la
 [neblina del ocaso de un día.
El placer de estar en paz sin mirar atrás ni adelante.
Sentir felicidad, solo estando en soledad.
No soportar ni por un instante el asedio de miradas sádicas o
 [de desconcierto.
Querer flotar en el agua cristalina de algún lago desierto.
Elevarme al infinito y contar los luceros de cada constelación
 [del cielo;
Ciclonarme en cada agujero negro.
Amar la oscuridad sin identificar rostros.
Besar cada mármol y vidrio roto, de un pasillo en escalera
 [(en picada); y sentir el crujir de hojas secas entre mis pies
 [desnudos.
El aroma húmedo a transpiración fría con hollín.
Abrir y cerrar abanicos, agitándolos al viento, incrustándolos
 [en una ventana, y dejarlos allí sangrando...

*Sentidos*- M. A. Miljiker- Técnica mixta 35 x 50 cm

# ReMake

Me sumergí,
sirena perlítica.
¡Austral!
En el centro mismo.
La esencia del universo.
El punto exacto convergente,
que es el confín del origen
y la destrucción de los tiempos.
El génesis y el Apocalipsis.
Mi alma linda con los abismos profundos
y los sublimes pedestales tronares.
Las fronteras extremas...
Conocí la caída rectilínea abismal
el accésit deidad.
Hipócrita; aturdida, simulé.

Hoy, emerjo del cielo,
como de entre las olas del mar,
y rocío en miríadas lumínicas
la humanidad;
desde las azul-negruzcas leyendas
constelares... hasta el diáfano
y translúcido azulino,
de un cielo arcoidal.

Hoy afloro nuevamente,
desde los fondos submarinos,
y rompo tajante
con mi torso desnudo
las olas en dos.

Hoy resurjo como un teledirigido.
Con enérgicos impulsos,
con enérgicas pulsiones
a luchar.
Como un guerrero incaico,
a ganar.

# Alegoría

Un unicornio lame heno de mis manos.
El salón está espejado...
Veo mi rostro púber,
casi adolescente,
que me tiende la mano.

En la nave de los sueños
es de día, y florezco al amor.
¡Caen margaritas del cielo!
Y llevo guirnaldas de flores silvestres
sobre mis pechos desnudos.

Mis caderas vibran
al ritmo del dervake[1].

Una mariposa se posa en mis cabellos,
es el hada de la felicidad,
que llama a las puertas de mis psiquis:
¡entrégame tu corazón, que yo te entrego la dicha!

Asustadiza, parto, no escucho...
Atrás queda mi unicornio...
y la alada criatura...

Un agujero negro se avecina,

---
[1] Derbake: Ritmo árabe con tambores

es un pasadizo, lúgubre…
Es el camino de la duda y del miedo.
Tras él, un lodazal… con olor a carburo,
rodeado de llamas que queman mi piel…
¡es la infelicidad que de mí se apodera!

M. A. Miljiker- *Danzarina árabe Falak* – Acrílico 1,60 x 60 cm

# Hoy puede ser un gran día

Hoy puede ser un gran día,
hoy algunos nacen...
Maldición, puede ser un día hermoso,
algunos mueren.

Ahora alguno tiene un orgasmo...
ahora a alguien le extirpan un ovario.

Ahora hay una gran fiesta,
ahora hay una gran tristeza.

Hoy es un día especial,
para vos
hoy es tu peor día.

Hoy es tu mejor día.
Ahora alguien, vos, te recibís.
Ahora alguien, vos, te enterás de un fallecimiento.

Hoy puede ser el mejor día.
Hoy puede ser el peor día.

¡Todo depende de vos
y del azar!
Porque todo, absolutamente todo, es relativo;

todo depende de la perspectiva,
del punto de vista con que se lo mire.

Afuera sale el sol,
hoy puede ser un día hermoso...
Adentro se corroe tu corazón...
Hoy puede ser tu peor día.

Afuera sale el sol...
hoy puede ser tu peor día.

Afuera se oculta el sol...
en vos, en tu corazón, sale el sol.

Hoy puede ser un día hermoso.

¡Todo depende de vos...
de tus perspectivas...
y de eso que llamamos vida!

¿Y vos?:
¿de qué lado estás?

¿Con qué cristal elegís mirar?

*2001*

## Ahora es el momento

Un día debo cambiar,
¿pero cuándo?
Un día me debo jugar,
¿pero cuándo?
Un día debo aprender a empezar,
¿pero cuándo?

Hoy aprendí que el día es hoy,
si no, ¿cuándo?

Cuándo aprender a amar...
Cuándo aprender a ser feliz...
Cuándo jugarme el "todo por el todo".

¡El momento es ahora!
Si no, ¿cuándo?

Cuándo decir: "te amo".
Cuándo decir: "Hoy empiezo".
Cuándo decir: "Eso es lo que quiero".
Cuándo apostar todo a algo nuevo.

¿Hubo muchos "empiezo"
y ningún "ahora"?

Ahora es el momento,
si no, ¿cuándo?

¿Y tú momento cuál es?

*2001*

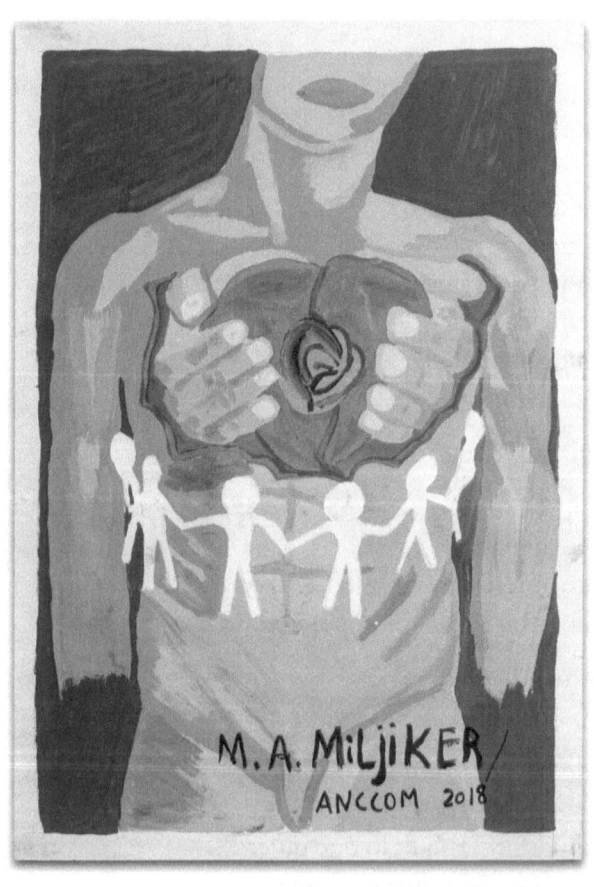

M .A. Miljiker- *Dar vida, vengo a ofrecerte el corazón* -
Acrílico 50 x 70 cm

# Dios

Yahvé, Elohim, Adonai
DIOS,
Quisiera que existieras,
Que tu ser fuese real.
Si no ¿Quién...?
Si no ¿Quién me amará?
Sino ¿Quién...?
Sino, quien me comprenderá.?

Aquí, en este mundo,
no hay nada.
Nada que valga,
si vos no existieras.

¡Quisiera que fueses realidad!
Que tu ser fuese como el viento,
que no se ve, pero se siente.

Sino quien me amará?

# El chat

Las mañanas son frías...
Los palpitares distantes
y muy cercanos a la vez...
El rectángulo del chat
me acerca a tu vida...
Y nuestras vidas se unen
en un instante...
Nada sé de ti,
nada sabes de mí,
y todo lo sabemos...
Tal vez...
Tal vez nuestras almas se desnuden...
Tal vez nuestras almas mientan...
Así de incierto es el chat.

# Lo efímero manda

El instante es el rey.
Las ventanas a tu vida gobiernan.
Facebook, Twitter, Instagram, WhatsApp…
son ventanas al mundo y a tu mundo.

Existe un nuevo concepto de lo privado,
y de la privacidad.

Videos, fotos, emoticones, videochats…

Relaciones entramadas en lo virtual…
El segundo se acaba,
y con él tu 'estado' es pasado.
En las redes sociales gobiernan lo efímero y el instante.

El círculo de las redes: el instante, lo en directo, y la imagen.
La imagen es todo, la sed es nada, al igual que el viejo eslogan
"La imagen es todo, la sed es nada".

# Realidad virtual

Las nebulosas de tu alma
transitan sin sentido...
¿Qué buscas? ¿Buscas pasatismo?
Las redes te obnubilan.
El ciberespacio es tu otra realidad.
Tu realidad te pesa...
Sos uno y mil...
¿Cuántos sos?
El ser te pesa...
En la virtualidad sos ese 'aquel':
¡El ser!
Falsas identidades que se perfilan en el éter...
El *face to face* ya no es tan imprescindible...
Prescindes de él mediante la escritura por tipeo.
Estamos en la era del *writing by typing*.
Deseo platónico

ME QUIERES CANDENTE,
ME QUIERES VIVA...
BÚSCAME...
ALLÍ...
EN LA FRONTERA CON EL DOLOR,
CON LA PASIÓN.

¿ACASO TUS PUPILAS LEJANAS
SE EXCITAN CON ARDOR...?

DULCE NUBE DE ENSUEÑOS...
QUE CLAMOROSA,
SE ESTREPITA EN EL INFINITO...

TU MANO, TU BOCA... ME DESEAN,
COMO SE DESEA UN SUEÑO
¡Y SU VOLATILIDAD!

MIS PALABRAS SON TU ARDOR,
MI IMAGEN ES TU ANHELO...

¿POR QUÉ SUEÑAS CONMIGO?

ACASO ALGÚN DÍA RECORRERÁS MI MIRADA.

EN LA DISTANCIA,
PUEDO IMAGINAR TU ROSTRO Y TU PERSONA,
MAS NO TU ESENCIA

¿ME DESEAS A MÍ, O DESEAS UN SUEÑO?

**En el deseo platónico, el objeto de deseo se convierte en una meta inalcanzable, y a la vez en la fuente de todo deseo.** Se transforma en el ideal por excelencia, que está presente en las fantasías sexuales del soñador. Un ejemplo de ello son las divas, que son un arquetipo.

## Soy etérea

No te enamores de mí,
nunca voy a ser tu ángel,
ni mis pies van a transitar
tus calles.

No me ames, ni me desees,
tan solo soy un espejismo.

Soy etérea... soy polvo volátil

# Mi grito de liberación

Quieres solo que exporte en líneas
sexo caliente,
no quieres grito,
no perdonas errores
El grito en la sangre...
Mi grito es de muchos...
Pedimos liberación...
Tras los muros
no existe ensoñación,
el dolor se confunde con vida,
y la vida es dolor.
Allá donde las paredes son frías
y gris el pensamiento,
las nubes negras
se apoderan de mi alma.
Quieres sexo caliente,
no quieres mi grito de liberación...

# Soy

Soy única, soy original,
impredecible.
Amable, odiable.
Soy una sirena
Soy lo que no sos vos...
Vivo lo que vos no vivís...
Mi vida te es incomprensible...
porque soy lo que soy.
Soy un náufrago,
soy Robinson Crusoe,
soy luna y sol.
Eternidad y banalidad.
Voz y silencio.
SOY.
Existo.

## El loco picapapelitos

Mirada ausente, en presencias imaginarias….
Ojos tristes y vagos.
Su exótico tic era la bandera de su locura…
Por dondequiera que andaba, sus pasos dejaban huella.
Estelas de una vida perdida…

Su itinerario por las calles estaba marcado por la rareza
de los montículos de papelitos que dejaba tras su andar.

Varias historias de vida, agigantadas,
por la dureza y por la alienación de sus días…

Sus manos de tijera daban forma de cintas, de papel picado a
                                          [trozos… de palomitas,
a los periódicos que pedía para evadirse de su realidad.
Su arte callejero ya es historia.

Así era el loco picapapeltios,
también llamado el loco papelitos.

Las marañas de su alma entretejían montañas..
como embrollos tenía en su mente…
Perdido en los recovecos de su ser…

Tirado en las callejuelas, así lo recuerdo, andar lento.
Su paisaje de vida enarbolaba la irracionalidad de su arte
                                          [urbano…

Fue y será un paisaje la ciudad de Burzaco.
Papelitos, me parece verte caminar por mi viejo barrio...
[como antaño.

¿Quién dijo que los locos no son añorados, también?

M. A. Miljiker- *El loco picapapelitos*- Acrílico  70 x 50 cm

# La mendiga

En el subsistir,
en el sobrevivir,
se va la vida.

Unos centavos,
unas migajas...
son su deseo más añorado
y la razón de su vida.

¡Cuán duros han sido sus pasos!
¡Cuán ardua su rutina!

Por doquier, los transeúntes
la ignoran...
algunos se apiadan de su escueta figura.

Los seres viven su vida, sus vidas.
Muchos son felices...
Pero ella no lo sabe...
No sabe lo que es la felicidad.
Tan solo en el obtener el sustento diario
transcurren sus días.

M. A. Miljiker- *La mendiga*- Acrílico-50 x 70 cm

# La ciudad

Miles de transeúntes
caminando por doquier.
La ciudad ruge,
exhala minuto tras minuto
sus vahos industriales.
Mortuorias arquitecturas
son el pasado "vivo"
de otros tiempos...
mientras...
el *ciberespacio*
se apodera de las mentes...
Ciudad inmolada
en honor a sí.
Sumatoria de culturas,
de idiosincrasias,
de razas...
Así es mi ciudad.

*(2º cuatrimestre del 2000)*

## El baile

Es tarde en la ciudad,
llueve.
Las luces, giran en
círculos.
... mientras pienso en vos,
gira tu imagen,
en el recuerdo.
...y el loco frenesí
de la música latina...

Es de noche,
estoy distante,
tan distante
como vos de mí.

La cuadrícula
de la ciudad
está transitada
por unos cuantos
trasnochados,
que no temen
al mal tiempo.

Es de noche,
llueve en la ciudad.

Imágenes, recuerdos.
Voces, charlas...
Murmuraciones,
y yo
haciendo un mutis
en la escena,
escribo
estos versos,
inmolados
en honor
a sí;
y a vos,
que ya no estás,
que ya no surcás
estas grietas;
y las laderas
de mi alma
reflejan
mi vacío,
y tu viejo hastío,
aquel
que me alejó
de vos,
de tu vida.

Es tarde,
llueve...

*6 de enero de 2001*

# De eso no se habla

Hablamos de amor,
hablamos de poetas,
hablamos de filósofos,
hablamos de ciencia,
del día a día,
de las noticias y lo noticiable,
pero de eso no se habla.
¿Por qué?
¿Acaso no lo vivimos?
¿Acaso no es parte de nuestra vida?
¿Por qué callarlo?
¿Por qué ocultarlo?
Si hablás, sos:
indecente, libidinoso, promiscuo, etcétera.
Si hablás, y más con alguien de otro sexo,
incitás al deseo,
pero no deseas decir las cosas
por su nombre ni hablar de cualquier tema.
Pero sucede que de eso no se habla.
No se habla del kamasutra con un vecino,
ni de la circuncisión
con un circuncidado por respeto y educación.
Porque de eso no se habla,

como no se habla
de los grandes males.
Si tienes alguna discapacidad, menos.
Porque de eso no se habla.
¿Por qué?
Porque duele.
¿Y del sexo por qué no?
Yo creo que porque es considerado un mal
o en el mejor de los casos que estás incitando al otro a tener
[sexo contigo
Por eso, de eso no se habla.
Es un tema tabú.
No hago apología del sexo.
Solo quiero romper con los tabúes.
La Iglesia lo hizo tema tabú.
Se habla entre amigas, entre amigos,
pero públicamente... ¿cuántos...?

# El sexo

Todo lo que se dice sobre sexo es recurrente;
como recurrente es el sexo.
Todo lo que se hace en el sexo
parece único cuando se ama;
pero se viene repitiendo desde el primer hombre
y la primera mujer.
Todo lo que se dice sobre sexo parece pecaminoso,
pero más pecaminoso es no saber gozar.
¿Tú has gozado del sexo?
A veces debemos entregarnos más,
más a su mano;
otras debemos contenernos de no caer
en sus manos.
¿Cuál es el sentido del sexo...?
¿Expresarnos, sentir, sucumbir, gozar o amar?
¿Tú lo sabes?
Yo no lo sé

# Senos

Narcisista perdido,
un seno alardea de su desnudez.
Redondeado, puntiforme y eréctil,
compasea en orlas,
junto a la seda rústica de un *soutien*...
Y el otro,
fajado, ametrallante...
testifica con su sangre:
¡Amo la carne!

# Besos orgásmicos

El rojo frenesí de mis labios
busca el palpitar de tu carne.
Tus fluidos candentes
quieren más y más de mis mucosas.
Mis venas se delinean en la excitación.
Un obelisco se clava en mi boca,
y quiero más y más tu sucumbir.
Soy tu geisha deseada para
proporcionarte placer

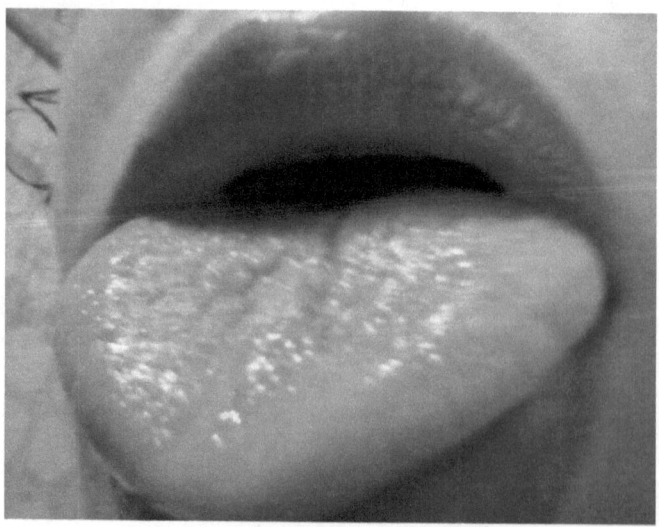

## Amantes, como flechas van...

Nos miramos.
Nos lamemos.
Nos deseamos.
Nos mimamos.
Nos pulimos.
Nos chupamos.
Nos hurgueteamos.
Nos convulsionamos.
Nos encastramos.
Nos meneamos.
Nos enervamos.
Nos miramos.
Nos reposamos.
Nos tranquilizamos.
Nos alejamos.
Nos olvidamos.

¿Nos recordamos?

M. A. Miljiker- *Climax*- Acrílico-70 x 50 cm

## Danza de amantes

Danzan una danza loca,
nuestros cuerpos entrelazados.

Somos el paraíso y el infierno.
El cielo y el fango.

El perfume más exquisito,
y el olor más nauseabundo.

El remedio y la enfermedad.

Nuestros cuerpos posesos
se exorcizan en el clímax
de nuestra loca pasión.

## Roces

Necesito el rozar de tu piel en la mía.
Necesito tu jadeo oprimido.

Necesito de tus babas en mi piel
deseosa de tus jugos clamorosos.

Ven a galopar en mí ser
y desenvaina tu pupila en mis ojos
derretidos por tu sudor frío.

Ven, galopemos juntos.

## Bocas más bocas

Bocas más bocas,
concavidad más concavidad,
concavidad más convexidad según el gusto.
Los amantes furtivos besan de lengua la causa originaria del
[placer

## Amantes

Las guirnaldas de tus ojos
me miran fijo,
y yo te sigo
como quien sigue a ciegas…
Qué quedó de nuestro amor.
Soy tu geisha… sin paga.
Soy tu amante.
Qué soy.
Sexo a oscuras…
Sexo a tientas…
Otra tiene tu amor,
yo solo tengo tu cuerpo,
cuerpo sin alma.
Soy tu elixir ante tanta rutina…
Tal vez…
No lo sé…
Como no sé nada de vos…
Solo tengo recuerdos…
Y el loco ajetreo
de nuestros cuerpos amalgamados
en compulsión loca…
pasión, carne,
cuerpos que se rozan…

que se entrelazan… gemidos.
En la soledad del hotel
somos protagonistas
de nuestra fogosidad…
El clímax nos invade, nos acoge,
y al terminar, tomamos rumbos distantes…
como distantes están nuestras vidas,
y la promesa de volvernos a ver
golpea fuerte en el pecho…
cual latido…
solo el deseo de volver a estar con vos
me hace aceptar el rol de amante…
aquel que nunca quise tener
y que hoy me conmueve el alma,
porque ser tu amante
significar estar con vos
y darle riendas sueltas
a nuestra pasión.

## Pasión terrenal

Tus labios carnosos,
tu pelo ondeante.

En lo recóndito de mis pensamientos,
el azúcar negro de mi alma
que sabe a hiel
quiere tu piel.

Ven, caballero alado.
Esgrimes sórdidas palabras.

¿Cuál es tu reacción?
¿Cuál es mi reacción?

Mi glamour y tu hastío.
Mi pobreza y tu pasión.

Seremos nada.
Seremos algo.
¿Qué?

Tu penumbra me obturó,
y en la obturación me liberé.

Tu miembro se sublima en mí,
y yo me sublimo.

## Cuerpos vacíos

Tu cuerpo excitado
pide más y más.
Conspira contra mi identidad.
Y yo, deseosa, me hundo
en nuestros vacíos abismales.
Somos dueños del infinito
y de la nada.
Lo poseemos todo en un instante.
Y no poseemos nada.
¿Queréis acaso poseerme?
¿A Mi cuerpo desnudo?
¿O mi ser insatisfecho,
que pide más y más?
Uy, ustedes, *femmes*,
¿no se han sentido alguna vez así?

# Es como un gato siamés...

Tus pechos turgentes
piden más y más
de su cuerpo vacío.

Transas, te transan...
en eso se te va la vida.

Te consumís en el hastío
y en el confort.

El *cash* es tu destino
tu meta sos vos

## Relación perversa y excitante

Tu cuerpo desnudo,
tu deseo penetrante,
tus ansias de placer sin límites,
tu goce sádico.
Tus palabras despóticas.
¿Qué?
¿Qué me atrae de vos?
¿Crees que enloquecí?

## Tu yugo en mi cuerpo

Tu yugo en mi cuerpo,
tu transitar mis curvas...

Tus manos prensiles y deseosas...
ajetrean en mis entrañas clamorosas.

Soy tu elixir, y vos mi veneno.
Mamo de tus fluidos colosales.
Y vos más y más querés de mí.

Mi sexo te desea, y vos deseás mi sexo.
No nos reprimamos, démosles alas
a nuestras fantasías.

## ¿*Ubi sunt*?

Tus perlas de acero y roble...
Tu ajetreo galopante.
El calor de tu aliento...
Todo eso hace que te añore....
*¿Ubi sunt?*
¡Sí! ¿Dónde están tus labios y tus manos ahora...?
¿Dónde?

¿Qué cuerpo acarician ahora tus sentidos?

Otrora fuimos un latir y un cuerpo
Hoy somos estrellas fugaces....

## Amor no correspondido

Tus ojos de luna
son el clamor de mi corazón.
Mi alma palpita
por tu vida y por tu amor.
En mi vida solo existís vos...
Habitás en mis sueños,
dulce y extraño ser.
Ser fantástico e irreal,
que habitás en lo inimaginable

# Ni mil designios anáforas

Ni mil designios anáforas
podrán revertir
mis días,
inmolados
en torno a sí.
Días plagados
de vacíos absurdos,
de obsoletos recuerdos,
que aún sangran,
que aún ríen...
Si todavía pudiera sentir
aquel olor.

Ni mil designios anáforas,
ni la bienaventuranza mayor
podrá hacer que mis días
sientan aquel primer clamor.
He aquí, hoy por hoy,
Que todo clama a *ipso facto* sucesos
del ayer.
Ojala fuesen los buenos...
paradójicamente, NO.
Aquellos que afloran
y aún punzan
son los que no lo son.

## Nos debemos todo

Enigmáticamente,
tus frases esgrimen sórdidas palabras de amor,
de dolor, de sangre y de pasión.
A pasos agigantados
discurrimos taciturnos,
en la soledad de la habitación,
del alma...
Despojados de las excusas,
en las penumbras del ser,
turbados nuestros espíritus
sorprenden con amor y pasión.
NOS DEBEMOS TODO
y aún más:
¡vida-muerte!

## Tules de ilusión

Amaneceres ocultos, olvidados.
Apaciguadas noches de luto...
Y olvidos impotentes.
Vagos recuerdos de mieles...
que hacen verter capullos de cristal
de entre mis ojos.

... y el todo y la nada
de saberme tu mujer (o tu "minita[2]"),
aquella, la de siempre,
la que se quedó imaginando tules de ensueño...
en un día que nunca fue, ni será.

...........................................................
...........................................................

Si las calles, los muros...
hablaran de nuestro amor,
"aquel amor"...

...........................................................
...........................................................

Y del mío: el de HOY. 1990

---

[2] Minita: diminutivo de mina, mujer en lunfardo, dialecto argentino

## Cuerpo amargo

Las laderas de mi alma,
sueñas amaneceres,
roces abortados,
caricias inimaginadas.
Que el viento del olvido
llevó por las cúpulas.
Sueños intangibles, irreales,
negros pasajes inconclusos.
Ya mis labios olvidaron
rozarse con otros labios.
No todo lo que brilla es oro,
y no siempre el agua va al cántaro.
En los olvidos, está el fragor.

## Carcelero inmutable

Tu negra imagen
crucificada para siempre
en mi alma.
La quietud perenne
de tu ser, en el mío,
me aniquila, me mata.

Tu negro hartazgo
y mi corazón palpitante...
por verte,
por sentirte,
por olerte.

Verdugo, carcelero inmutable
de mi alma.
Más ansío tenerte, más distante,
más difuso estas.

Y solo el maldito teléfono
me une a vos.
¡Solo eso!, ¿por qué, Dios?

Tu imagen negra
crucificada por siempre
en mi alma.
Y la quietud perenne
de tu ser, en el mío...
me aniquila, me mata.

## ¿Sabes que?

Si la antorcha de la vida,
pudiese ser fiel testigo
de un tiempo que no fue.
Si tus labios amasen los míos...
Sí...!

¿Sabes qué?

Julio y agosto
Son un puñal
Que todavía desgarra
y los día en el almanaque...
son la llaga en carne viva.
Es el dolor, la angustia, y el extrañar...
Es todo eso.
...y un amor,
que supo querer
mas de lo que lo quisieron.

*1994*

## ¡Oh, Amante imaginario!

Ahora dueles

*por mucho conocido.*

¡Oh! ¡Amante imaginario,
que transitas sin destino
por mi cuerpo!

¡OH, caballo
que galopas sin fronteras,
por los mares de mi mente!

¿Cuáles son nuestros destinos?
...La huida...o...el encuentro.
Sin duda, la huida

Fugitivo, sin sentido
enarbolas tu bandera,
encallada en la arena.
enarbolas su ***eslogan***
que versa:
"*Todo lo he dado,
todo lo he sido
menos feliz.*
¿y, tu?
¡Oh, volátil compañera,

*de infranqueables
leyendas imaginarias...*
¡Oh, brisa!
¡oh, estrella fugaz!
¿Lo has sido?"

# Antes...

Insondable e
infranqueable,
por lejano.
Hoy,
eres distante
por cercano,
por conocido.

Ayer dolías
por "desconocido";
Ahora, dueles
por mucho conocido.

¡Oh triste letanía
De mis días!

## Aniversario (a la distancia)

*14 de mayo*

Tus perlas de carne
ya no están entre mis manos;
ni tu rocío de amor,
ni tus gotas de sudor.

Entre vos y yo,
un abismo.
Entre vos y yo,
la distancia.

Otrora, nos amamos,
nos deseamos.
Vivimos y morimos,
en un instante.

Soñamos otras vidas.
Vivimos otros sueños.
Fuimos metal candente,
todo fuego,
todo fluido,
toda pasión;
pero el tiempo
nos pulió una imagen hostil
una sombra, anegada de lágrimas.

De todo, "aquello", quedó algo.
y el recuerdo vago
de tu cuerpo alado,
de tu cuerpo a mi lado...
de tu piel húmeda,
quedó.
Como quedan los recuerdos:
vagos, imprecisos, intangibles...
Imágenes fugaces de un ayer...
De un ayer soñado, amado;
añorado,
y lejano.

Tus bucles
ya no se ondean en mi rostro.
Ni tus manos se restriegan
en mi carne.

Fugitivos de la humanidad,
nos amalgamamos en un alma,
en un cuerpo.
Sucumbimos, nos enervamos.

## La prisión del tiempo

La prisión del tiempo
selló el umbral de bruma
que me separa de vos.
La crisálida explotó,
y hoy soy la mujer…
que el tiempo floreció.
Hoy surco otros rumbos,
hoy mis pasos circulan
por otras calles.

# Hoy...

Hoy, tu piel húmeda
es bebida por otros labios.

Hoy la sangre de tus venas
gime por otras carnes...

Hoy la copa del amor se vació.

Una pared de ladrillos viejos,
por la que se vierte
un río de ácido
es mi rostro,
desde tu huida.

*2001*

Hoy,
el tiempo y la distancia
nos resolvió en desconocidos...
que una vez
conocieron sus sueños,
que una vez,
conocieron sus almas...

**Otro:**
Ladrón de vidas,
ladrón de sueños.
¿Dónde estás?
¿Qué calles transitás?
¿Dónde se posa tu esencia,
cual mariposa
en un instante,
en un beso
o
por siempre en un amor?
..................................
¿Dónde, dónde estás?

*Mayo de 2001*

# Lecho

Si mi lecho fueses vos,
o si por lo menos fuese persona
a la que contar mi dolor,
mi extrañarte.

Allá en la lejanía,
en la distancia del tiempo
que nos separa,
quedó tu amor.

Y, mi amor, "EL MÍO",
por desgracia no.
Sigue en pie, como puede:
lacerado, cuarteado,
y cruelmente abandonado;
por aquél que un día la amó.

# Danzando en mí

Miro intentando encontrar
palabras que no existen
y que nunca existirán.

Busco entre líneas
un nombre,
aquel que nunca estará
sólo es un vago recuerdo
del ayer.

Una furtiva aparición
plasmada en el blanco amarillento
del papel.
En un momento que fue.
Y yo: locamente,
intento rememorar, revivir;
pero...
todo es inútil:
***"NADA VUELVE A SER LO QUE FUE,***
***Y MUCHO MENOS RETROCEDE".***

*Febrero de 1995*

## En la vidriera, el oro más preciado para mí

Si tu cuerpo ya no es mío;
ni tus ojos viven por mí.

Si DIOS transita otros mundos...
otros cuerpos... igual que la juventud.

Si nada vuelve atrás,
ni a ser lo que fue.

Si mi amor sueña con ser amado,
y no será por vos.

Si sólo te veo a través de la vidriera de la vida
y nunca seré protagonista de la tuya.

Si tu amor, el de antes,
fue el oro más preciado para mí;
y es la yerra más atroz para mi alma.

Si tu amor me salva de morir de pena y de tristeza.
Y HOY ya nada es...

¿Qué le queda a mi amor...?
¿Qué?

*Mayo de 1996*

## Música Negra

Música de páginas blancas,
imbuidas de negros...

Estoy desesperada, vulnerable.

(Su cuerpo late cuerpos.
Su mente piensa en otras mentes.)

Tu silueta hostil
persiste... persiste...
resiste.

Ruido a vidrios rotos y furiosa sangre,
estrepitando contra las arterias.

Tu amor de látex
desgarró el blanco clamor
de mis más puros sentimientos.

... y, la incomunicación
en tiempos de video y de música negra
dieron el *off* a aquel sentir.

*Mayo 1995*

## Si fueses marfil nacarado

Si fueses marfil nacarado,
mis ojos iluminarían
con su lumbre
tus ocasos y
tus amaneceres.

Si fuese, mi alma, camelia,
con mi aroma perfumaría
tu piel... todo tu ser.

Si fuese Dios, estaría a tu lado
noche y día
por toda la vida,
cuidando que nada te suceda.

Pero... lamentablemente
nada es así;
simplemente soy una mujer,
aquella que te amó.
Y aún hoy, "mi amor", te AMA.

# Sin nombre

Siento la muerte palpitar
en mis entrañas.
Siento mis deseos de mujer,
de esposa, de amante,
desvanecerse
por los muros de la vida.
Siento mi alma corroída,
desolada.
Cómo hacer, mi amor,
para volver a creer.
(Y para que vos me creas.) → Vana ilusión

   Escrito cuando salía con él, por aquellos años

## Su negro hastío

Una nube de dolor
ensombreció mi alma.

... y la mágica sonrisa
murió en mis labios.

El regazo tibio de soledad
lloraba a gritos su desolación.

Nada hacía prever su negro hastío.
Nada............................................

y sin embargo...
sucedió.

Sucedió, como suceden
las cosas más insólitas:
imprevistamente.

y, sin embargo...

sucedió.

## Todo esperar es inútil

Espero tu voz, ¿llamarás?
Nunca lo hiciste,
por qué pensar que lo harás.

La situación se presta...
pero, ¿llamarás?
Nunca lo hiciste,
por qué pensar que lo harás.

Espera inútil, estéril.
Como estériles son las mujeres
vaciadas,
así es mi espera.

*8 de enero del 2000*

# Un día... te vi

Hombre, tu ARMADURA
de rica y hostil calle
me engalana;
más, me duele y es llaga:
el no amarte, el no tenerte.

En un segundo
(lo que dura un susurro,
O el vuelo de una mariposa)
tu alma primorosa
se alejó para siempre
de mí.

¿Cuándo te veré?
Si tanto esperé...
Tanto, tanto...
que el olvido del tiempo
que corría, afloró...

# Fuimos

miel, luna y sol;
primavera y hastío.

Fuimos leones
fieras salvajes...
golpe y estrago

FURTIVA, tu mirada
de amor me habló;
mas... transitando al odio...
o al olvido, se alejó.

*Detente*, hombre de hierro.
*Detente*, mi amor loco.

¿A QUIÉN LE HABLO?
*a ti y a mí...*
porque, en un instante,
nuestros corazones se unieron,
mas no pudieron hablar de amor,
ni de tema alguno.
Fue tan dura la llaga,
que ni un "hola" nos dijimos.
Y el tiempo, daga atroz, para siempre
nos separó.

*(1ª cuatrimestre del 2001)*

# Ya no estás...

Tu recuerdo agría
mi alma,
envilece amargamente
mis horas;
porque ya no estás.
(Te busco y te siento),
te busco en mi alma,
y no estás.
Te busco en mi cuerpo,
y no estás.

..................................

Ya no sé cómo hacer
para *ACERCARME*,
o para *OLVIDARTE*...

..................................

Veo solo en sueños
la cruel sonrisa
de tu rostro;
tus manos frías,
tus manos tibias...
sobre las mías.

Tu cuerpo latiendo
sobre el mío.
¡Tu sonrisa, tu risa loca...!
Tu recuerdo agría
mi alma,
veo solo en sueños
tu vil imagen,
*DULCE HOMBRE,*
AMARGO HOMBRE.

¿Qué harás de tu vida
hoy?
¿Con quién estas?

..................................

*tantas preguntas sin respuesta.*

# Distancia

Buenos Aires, se ve tan susceptible.
Los muros son tan oscuros...
...y tus días, tan lejanos.

(Ya no está),
Ya no te siento,
te extraño
y, te pienso.
...y, en cada gesto, de amor;
cada beso, cada abrazo,
estas vos...
Sin embargo, ya nada de vos tengo.

*Navidades de 1999*

# Recuerdo

Tu imagen bañada por la luna
OH Dioses del Olimpo.!
Tu turbia imagen, a la distancia.
OH Dioses del Olimpo.!
Big Bang
Aires de polución
Perecieron....
UNA NIEBLA DE HASTÍO.
El big bang acompasado
DE NUESTROS CUERPOS...
Todo mar de ensueño
Sucumbió,
Ante su sola presencia.

## Tragada por la nada

Desapareciste de mi vida
un domingo por la tarde...
Las callejuelas del barrio
exudaban aroma a posibilidades.
Partiste dejando un hueco.
¿Y dónde estás vos?
Te desintegraste ante mi presencia...
Me negaron tu compañía...
Tu partida me colmó de
angustia, dolor y resignación.

# ¡Oh, mancebo en llamas!

¡OH, MANCEBO EN LLAMAS!
Tu boca de fuego
ya no me aclama.
El carmín frenesí
de tus labios
ya no es mi posesión.
¡OH, MANCEBO!
¡OH, ZEUS HUMANIZADO!
¿A dónde se ha ido,
tu desenfrenada pasión
hacia mí?
¡OH, CORCEL EN LLAMAS!,
¿quién es la depositaria

de tu amor?

... Cuerpo de **hombre**,
mirada de **niño**.
Tu silueta hostil
(para mí)
va...
¡Y va por la vida!
¿... enamorando niñas,
TAL VEZ?

Lejos estás...
¡Cuán lejos!
*Distas años de mí
y de mi amor.*

¡Oh, hombre!
Tu boca de fuego
ya no me clama...

..................................

*Distas años de mí
y de mi amor.*

*(Diciembre de 1999)*

# Desconsuelo y desconcierto

Bocas lamiendo manos,
robando caricias.
Recorridos inciertos,
lloviznas...
Grises en el cielo,
que se sienten en el alma.
Lágrimas tiradas
por otro desencanto.
¿El último, quizás?
El aula vacía,
las luces apagadas,
los infinitos panales
del parquet plástico,
son nada comparado
con el embrollo de mi mente.
Y, esta, la escriba,
no es sino la espectadora
de una vida (mi vida)
sin rumbo ni destino.
Sólo Dios me abarca,
en el desconcierto,
y en el desconsuelo
en que me dejaron.
Aquel sentir

El caótico arco iris monocromático
en negro y gris
desdibuja formas y formas,
figuras...
porque todo es denso
como antes, como siempre.

La mano más fría
refleja aquel latir,
aquel sentir.

¡Sí!
El beso más húmedo,
el beso más largo,
el beso más frío,
me recuerdan aquel sentir.

¡Oh, mujer!:
"por qué no te dejas de pensar
en labios que besan frío..."
(Redonditos de Ricota).[3]

---

[3] https://es.wikipedia.org/wiki/Patricio_Rey_y_sus_Redonditos_de_Ricota
https://www.youtube.com/watch?v=AgCmSee3tTs

## Pasado amor... amor presente

Macizos bloques de cemento,
cosidos con hilos de piel
humana, secada al sol...
¡Eso es tu corazón!
¡Eso es mi corazón!

¡Lúgubres soles eclipsados
salen exhalados de tu alma.!
Y el pasado ya pasó
a pasos agigantados...

¡Noche impúber,
dale alas a tu amada.!
A esa niña que anida en ti.

Un cristal multiojos ronda por las calles...
Según tu mente osada;
la misma plurivista
que te impide amar, gozar...

¡Si él ya murió,
en tus días...
dale a tu vida
el derecho a ser vivida!

Abrí tus manos y dejá florecer
la amapola de ensueños.

Dales ala a sus pétalos..
Y como pétalos
tus labios primorosos
sangrará por otros labios.
Sangre aún no florecida.
Sangre por nacer, por brotar.

¿Tu cuerpo sellará en un beso
un nuevo amor?
¿Tal vez?

O como un cuerpo corrido
por el tiempo,
se fundirá con el humus naciente
en sus entrañas…
entregándose a sus manos…

## ¡Oye tú, mujer!

Mujer de corazón ardiente,
de lazos en llamas.
Mujer que no crees
ni en tu propia sombra.

Mujer, si tu sombra te persigue,
descuida, no te des vuelta;
si tu sombra te acompaña...,
¡ignórala!
Si tu sombra te oculta...,
¡lucha!
Lucha con tu corazón ardiente,
para impedir que las llamas
rompan los lazos
de tu amor.

Si el odio cruel de tus enemigos,
te persigue...,
¡ignóralos!
Si te difaman,
mujer de los ojos de lágrimas,
¡soporta, aguanta!

Algún día llegará el momento
en que la vida te sonría...,

en que la dicha te ciña
la cintura...
En que el dolor abandone tu corazón
para dar cabida solo al amor y la felicidad...
¡algún día!

*(Poema del año 1998)*

## Confusiones, agravios, dolor

Y el imaginar nuevos rumbos por venir.

Cuerpos sin palabras...
¡Hubiese deseado otra cosa!
Mutismo ante el no saber.
Gestos, palabras equivocadas,
cosas que empeoran,
dolores que no duelen,
porque ya se soporta todo.
¡Hasta lo más inverosímil!
Sentimientos por vivir...
Y nuevos gestos por probar,
nuevo lugares
por los cuales transitar...
lejos de lo muerto.
¡Es lo mejor!
***La distancia y el tiempo***
SOLO ANESTESIAN,
PORQUE NO CICATRIZAN NI CURAN NADA.

## Sueños

Tu cuerpo hostil
junto a mi pecho.
La luna nueva
palpita vida.
El frescor
de tus ojos sociales
me excluye de
mis sueños,
de tus
sueños.
En varias vidas
gemiré sueños,
mis sueños,
tus sueños.
XD

# El todo y la nada

Soy una parte minúscula,
hasta el nombre
casi pierdo,
en un recoveco de la vida.

Y la tortura
de saberme
—DIOS—
tan susceptible,
en un mundo tan material,
como el objeto mismo, como la materia inerte.
La NADA me abraza;
y el TODO, el universo, me engloba.

Y el TODO
—DIOS—
está tan lejano, como la dicha misma.

*Todo es siempre / vana ilusión*

# Cruel tortura

CRUEL CIRCUNSTANCIA,
lecho atroz,
negra tortura
que consume mis días (mi vida).

*MUERTE* tan amada:
¡ven a mí!
Deseo poseer
tu color, tu cuerpo, tus manos...
Prensil anima:
¡Cuánto te necesito!
¡Cuánto te ansío!

¡VIDA corrupta!
Llena de inciertos,
no puedo sino odiarte
ni odiar todo aquello
que fragua su mortal yerra,
en mí.

Posesas cadenas
de seres obscuros, frustrados...
oprimen mi ser,
lo anulan.

¿Cómo puedo vivir
con su negro hedor
asfixiando mi ALMA?
Si ya ni voz ni voto
posee.
¡Pobre alma!
Ya ni voz ni voto
posee.

¡Cuán pobre es!

Ni a ella se posee;
pues hasta eso
le negaron.

*Para la sociedad que anula
las ideas y los sueños.
17 de junio de 1995*

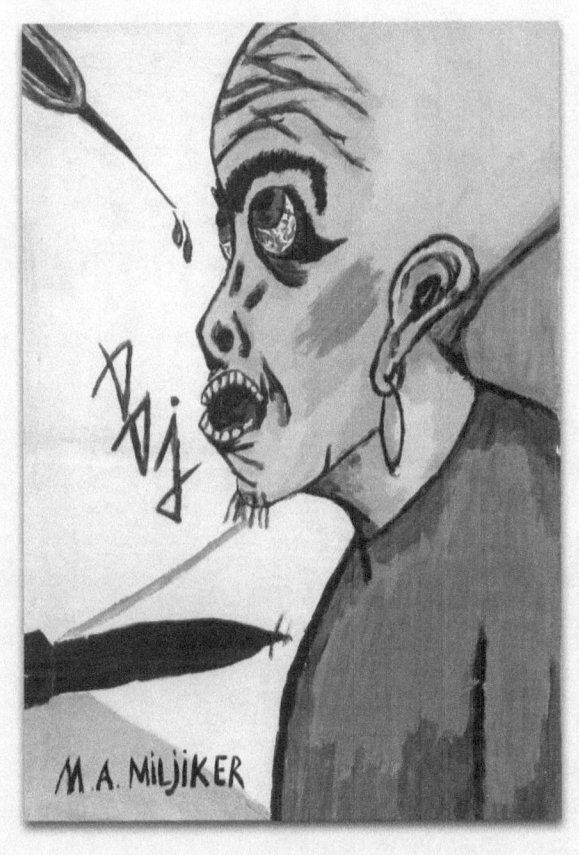

M. A. Miljiker- *Desolación*- Acrílico 35 x 50 cm

## Almas errantes

Las almas errantes no conocen paraísos
ni infiernos míticos, solo reales.
Transitan por la vida,
sin sentir dolor ni ensoñación.
Su destino es el devenir incierto.
Su coraza es su fuego,
no sienten nada.

Será el fin...

Será el principio del fin...
Será que las luces
gravitarán otras órbitas...
Será que el límite me lo pones vos,
carcelero de mis pensamientos...
Será que se avecina el fin...
El fin está cerca.
Atrás quedarán la gloria
y el bienestar...
Será nuestro fin...

# Mi negro hastío

Los champiñones... y el sushi
descendieron por la escalera.
Las almas crepitan mal...
y mi negro hastío...
a tu puta discriminación.
El remís espera su largo viaje...
sueños de equipaje.
En las mañanas frías...
no entiendo el dolor...
Sube la espuma...
El Cahen D' Anvers apolillado
en el placard...
moscato, pizza y fainá.
El salame cae bien...
El telescopio ya no mira la luna llena,
las almas crepitan mal...,
y mi negro hastío,
y tu puta discriminación.

Las lágrimas no ruedan por mi mejilla
cuando gruñe el estómago, el que habla por vos...
Los otros me miran mal...
No busco tu ayuda, ni tu lástima...

No busco nada de vos...
En las mañanas frías,
no entiendo el dolor.
Sube la espuma
y no tengo resignación...

# Vida

De experiencias
Tuve lo mejor,
pasé lo peor,
subí al cielo,
bajé a los infiernos.
Por eso soy resentida
y a la vez sublime.
Soy metal candente,
soy *freezer*.
Así soy yo.
Quieres saber..
Y decime porque
carajo te voy a contar
si me quieres creer, créeme
y si no, no

## Amor en plástico

YO TUVE TU RICO JUGO,
EL MÁXIMO LICOR DEL MUNDO.

YO TUVE EL CÁLIZ ANHELADO
Y GOCÉ DE TUS DELICIAS.
TUS DELICIAS ME MIMARON
Y MIMARON A LOS MÍOS.

YO TUVE TU RICO JUGO,
EL MÁXIMO LICOR DEL MUNDO.

SOLA, EN MI CAMA, Y YA NO...
YA NO ME SERVÍS RICO PLÁSTICO
YA NO ESTÁS RICO PLÁSTICO.

YO TUVE TU RICO JUGO,
EL MÁXIMO LICOR DEL MUNDO.

## Falsas amistades

Por qué he de querer tu falsa amistad.
En este mundo se vive sin piedad.
Te das vuelta, y ya te están enterrando.
No es que haga apología de una vida suicida.
Es la cruel verdad.
Muchos lobos disfrazados de corderos.
Muchos traidores que se hicieron pasar de amigos.
Ni en los allegados podes confiar.
¿Por qué he de querer tu falsa amistad?
En este mundo se viene solo, se va solo...
por ende se está solo.
Se está solo contra tu propia muerte.
¿Por qué habrías de ver mi luz,
si nadie la ve?
No quiero escuchar a los que se creen que la vida es bella
con sus buenas palabras.
Hipocresía, eso es lo que hay.
Hipocresía y falsedad.
¿Por qué habrías de ver mi luz,
si nadie la ve?
muchos traidores que se presentan
como amigos, no sé si volver a creer.

# Marina

Las conchas y las caracolas marinas son tus alhajas.
La brisa golpea fuerte en tu cabellera negra azabache...
Tu cuerpo esculpido por las olas sabe a mar.
Marina,
el canto de las sirenas es tu música más preciada...
La tarde cae lenta sobre la playa...
Y el sol, reposa manso sobre el agua cálida.
Marina,
cual un náufrago, tu corazón late por vida...
contando las horas por llegar.
¡La arenisca son perlas que anidan en tus huellas!
Marina,
¡tu nombre lo significa todo!
Sos mar y encalladura en la arena.
Sos gaviotas y cielo.
Sos agua salada y perfume a playa.

M. A. Miljiker *Marina*- Acuarela 15 x 10 cm

## Barrilete con inestabilidad matinal

Las nubes transpiran...
en la destemplada mañana.
La neblina oculta
el sol furioso.
La muralla del alma
exhala frío.
Los clamorosos retoños
y las flores monocromáticas
acogen en su regazo
los cánticos matinales.
El único testigo fiel:
la cometa.

M. A. Miljiker- *Barrielete con inestabilidad matinal*-
Técnica mixta- 70 x 50 cm

# Computer

Un ***microchip*** instalado en el ALMA,
un ***virus*** devastador,
un nuevo ***troyano***
invadiendo tu **PC**.
Una mole de ***back orifice***...
Incisivos... hincándose en la esencia
de tu vida;
*y vos rígido,*
*quieto, inmóvil,*
como objeto inanimado.
Te sentís el ***clon***, más ***clon*** del planeta...
tu alma pidiendo vida,
*y vos rígido, quieto,*
*inmóvil...*
La vida, el amor, la gestación, la muerte...
pasan ante tus ojos;
*y vos rígido,*
*quieto, inmóvil.*
Tu ***mothertboard***
es *incompatible* con los ultimo avances
del nuevo siglo...
*y vos rígido, quieto,*

*inmóvil...*
El crepúsculo se avecina...
*y vos rígido,*
*quieto, inmóvil...*

*2000*

# Los jinetes del Apocalipsis

Los jinetes del Apocalipsis
asaltan tus días.
Bailemos apretados,
no sueltes mi mano.
¡Así!, así, de sensual...
cuánta saliva goteando
por tus labios.
Un flamenco arraigado,
¡cuánto vuelo en tus piernas,
tras la explosión!
La **Rock and Pop** "sonando"
su "tiempo perdido".
Una línea con la diestra,
nada por ganar.
Solo tu voz haciendo eco
en el desierto.
Peces muertos.
Blancas pócimas de amor...
Solo en el desierto,
los jinetes del Apocalipsis
asaltan tus días.
Bailemos apretados,
¡no sueltes mi mano!

¡Así!, así de sensual...
Una línea con la diestra,
nada por ganar.
Madejas de imágenes y sonidos
sobrevuelan, sobreviven.

Los jinetes del Apocalipsis,
en hilera,
asaltan tus días.
¡Cuánto vuelo en tus piernas,
un flamenco arraigado!

# Sosiego

*A Carlos Galanternick (Tom Lupo)*

Ídolo de acero,
ídolo de fuego.

Referente distante,
lejano;
cuán lejanas son
las cúpulas de las iglesias.
Así, frías y distantes.
Así, tan así,
de distante
es USTED, ídolo mío.

¡Que desencuentros tiene la vida!
Un cruce en Lavalle,
y ya mi alma no tiene sosiego.

Ídolo de acero,
ídolo de fuego.

Referente distante,
lejano.

Argentina

MINA de pechos puntiformes,
Eréctiles

MINA que te subyugas
doblada.

MINA que pares...
Científicos, médicos, artistas, escritores...

¡MINA!

Perennidad.

Anorgásmicos roces con la sabiduría,
mi alma rasurada pide más y más saber.
Busca insaciablemente el cáliz del conocimiento.

Muchos buscan ideologías. Otros, amor.
Otros, estar arriba en la escala social.

No es más que buscar perpetuidad en los tiempos,
que nuestra finitud perezca.

Buscar perpetuidad. En los tiempos,
aunque más no sea postmortem
O en el recuerdo de un ser querido.

Buscamos perennidad.

## Cien veces no debo

Cien veces no debo...
no debo creer
no debo soñar
no debo dejarme llevar.
Cien veces no serás tú mi destino,
cien veces mi destino estará truncado,
cien veces mi futuro será incierto,
cien veces el elixir sabrá más hiel.
No debo sobrevivir.
¿Se apiadará Dios? ¿Será benevolente?
Y las entrañas de la sangre negra que habita mi mente....
en sus funestos desencuentros con la vida... erradicará mi anhelo.
Cien veces perecí, y Dios me quiso viva.
¿Qué tienes, Dios, para mí?
Las azul-negruzcas grietas de mi alma...
se entrelazan con la ira y el dolor, con el amor y el desencanto.
Vivo en la oscuridad de mi alma y en los recónditos suburbios
de mi psiquis en alquimia infinita entre la nada y el todo. EL
           [todo que lleva y me transita, y la nada que me traga
                                              [y me anula.
Quiero que seas mi veneno y que la droga más falaz obnubile
       [mi mente... porque la droga es ensueño, es el anhelo...
No la droga mórbida de la alquimia.

Si sueño, sueños insoñados...
si las perturbaciones psíquicas del dolor correen mi espíritu
 [blasfemado.
Cien veces no debo...
No debo sucumbir
si la meditación da paz...
a mí me da insatisfacción verme vivir partiendo...
si mi autoexilio fue mi desencanto,
si atrás quedaron mi alma y mi vida,
¡ven, vida amada, a mí!

*2020*

# Anexo

# Un grito de libertad
## (Guion cinematográfico)

Corría el año 1999...

**Esc. 1: Ext. - Barrio de clase media - Noche** "Buenos Aires, 1995"

*María, una mujer lánguida de unos 30 años, vestida de negro, con pollera y top, corre enloquecida por la calle.*

**Fundido encadenado**

**Esc. 2: Int. –Habitación de Abrahán-Día**

Imagen del muchacho, Abrahán.

**Fundido encadenado**

**Esc. 3: Ext. - Barrio de clase media, calle - Noche**

Un patrullero que pasa por la zona detiene a María, la toma por la espalda, le pone de lleno una mano empujándola contra la vereda, los labios de ella toman contacto con la tierra. María no comprende, lucha por desasirse.

**Fundido encadenado**

**Esc. 4: Int. – Habitación de Abrahán - Día**

Es el departamento Abrahán, el novio de María (decorado con posters musicales, equipos de música, PC). Él abre el placard, se pone Axe. María ve sobre su brazo una foto de él con otra mujer, es más joven, rubia, bonita. María se desespera; él la echa a empujones de su casa, ella está a medio vestir.

Ella grita, llora tras la puerta.

*Fundido encadenado*
### Esc. 5: Ext. - Barrio de clase media, calle - Noche
Los policías le ponen las esposas. Un vecino la toma por las piernas, los oficiales por los brazos. La introducen en el patrullero.

Sus padres, Ana y Juan, se llevan las manos a la cabeza, hacen gestos de que no puede ser.
### Esc. 6: Int.- Patrullero - Noche
*El coche se dirige al hospital, entre forcejeos. Sus padres van con ella, uno adelante, y el otro atrás.*
### Esc. 7: Int. - Hospital público- Noche
María una vez liberada se escabulle entre los enfermos... No deja que la agarren, cede, la colocan sobre una camilla.

Su madre y una enfermera gorda la sujetan. La enfermera le inyecta algo: un calmante intravenoso.

*Fundido a negro*
### Esc. 8: Int. - Neuropsiquiátrico del Estado - Noche
Todo está en penumbras, el móvil se introduce en los terrenos de una edificación antigua con la fachada descascarada por el tiempo y por la humedad. Hay mucha arboleda y un gran parque. El lugar es tenebroso, A María la bajan en andas.
### Esc. 9: Int. - Habitación de hospital- Día
Tras el efecto del calmante, María despierta maniatada sobre una camilla en una habitación desnuda. El lugar es lúgubre, está en Admisión.

María grita para que la liberen, pero no logra nada. Hace señas para ir al baño, pero no la sueltan, le acercan una chata...

Mira para todos lados... está aterrada.
### Esc. 10: Int. – Hospital, consultorio médico - Mañana
María es revisada por una junta de médicos compuesta por dos psiquiatras y una psicóloga; en presencia de sus padres.

*Fundido encadenado*
### Esc. 11: Int. - Cocina de familia - Mañana
María prepara un mate, se lo da a su padre. Ve en su rostro la marca de la bestia, el 666, lo señala con su índice, se le cae el mate.

*Fundido encadenado*
### Esc. 12: Int. – Hospital, consultorio médico - mañana
María, mira sus rostros desesperada comprueba, la marca del diablo. Se agacha, se pone en cuclillas, aúlla.
*Fundido encadenado*
### Esc. 13: Ext. – Parque - Día
Ella está vestida con una túnica celeste, con la mano en el pecho. Ella es "el Mesías".
*Fundido encadenado*
### Esc. 14: Int. - Neuropsiquiátrico, consultorio médico – mañana
Los mira, se retuerce, quiere huir, la sujetan, se desespera... ellos están endiablados, tienen la marca.
### Esc. 15: Int. – Neuropsiquiátrico, comedor comunitario -mediodía
Las pacientes agudas están con las que solo sufrieron un ataque de nervios o las que quieren salir de las drogas.

Diariamente, por las mañanas María recibe la medicación: Halopidol y Akineton, junto con su té con leche y su pan con dulce.

María, más calmada, no quiere comer; una de las internas, Graciela, que intenta salir de las drogas, le acerca el pan con dulce.

Otra, gritando y riendo, le tira del pelo. Comienzan las asperezas entre ella y las internas.
### Esc. 16: Int. - Neuropsiquiátrico, comedor comunitario – mañana
María se acerca tambaleando, descubre que no coordina, se babea, se sienta con dificultad, intenta comer, se le cae la comida. María cree que está embrujada, por los diablos, pero igual toma su medicación sin dudas.
*Fundido a negro*
### Esc. 17: Ext. - Jardín de la casa de María- Día
María descubre, elementos de magia negra, comienza a hacer gestos involuntarios.

*Fundido encadenado*
### Esc. 18: Int. - Iglesia- Día
María con una Biblia reza arrodillada, frente a la mirada de un padre.
*Fundido a negro*
### Esc. 19: Int. - Neuropsiquiátrico, comedor comunitario - Día
María come asustada, ensuciándose toda, por el tembleque. Toma su medicación mansamente. Una interna petiza, gorda, con cara desencajada y mal trazada, quiere atacarla, pero es retenida por las enfermeras.
### Esc. 20: Ext. - Parque del nosocomio-Día
María ve a sus padres, que van de visita. Corre hacia ellos feliz, se bambolea, una pierna se le va para el costado... Corre en círculo, no coordina, se cae. Sus padres se acercan, la levantan, les señalan a las enfermeras su estado, ellas no escuchan, hacen señas de que es normal, les muestran a otras internas en iguales condiciones. Ni María ni sus padres entienden. Ella sigue creyendo que está embrujada.
### Esc. 21: Int. - Neuropsiquiátrico, comedor comunitario - Día
Las enfermeras le ofrecen a María el desayuno y le dan la medicación, se la lleva a la boca, va al baño comunitario y se la saca con papel higiénico, como haciendo que se quita la baba que se le cae. Comienza a asociarlo con su motricidad.
### Esc. 22: Ext. - Parque del nosocomio - Noche
María corre en círculo no coordina, se cae.
### Esc. 23: Int. - Baño del neuropsiquiátrico - mañana
María tira el papel higiénico al inodoro (que es un agujero en el piso).
### Esc. 24: Int - Neuropsiquiátrico, comedor comunitario - Día
Se le cae la comida por la falta de coordinación.
### Esc. 25: Int. - Baño del neuropsiquiátrico - Día

María tira la cadena.

*Esta escena se repite: se saca la pastilla de la boca con un papel, haciendo como si se quitara la baba, luego arroja el papel al inodoro y tira la cadena. Ella encuentra una mejoría.

### Esc. 26: Int. - Neuropsiquiátrico, habitación comunitaria - Noche

Por las noches se escuchan gritos... Las pacientes ancianas están con las jóvenes.

### Esc. 27: Int. - Neuropsiquiátrico, comedor comunitario - tarde

Es la hora de la merienda: María termina su leche e intenta concentrarse en los estudios, está por rendir su prueba de FORMAR, educación a distancia, pese a las voces y a la situación. Algunas pacientes miran por TV Lucecita. María escupe su medicación en un pañuelo. Se escuchan gritos, risas, algunas pacientes cantan. Graciela se acerca con unos mates, mientras María lee y le acepta agradecida la mateada. "Gra" la acompaña en silencio.

### Esc. 28: Int. - Neuropsiquiátrico, consultorio médico - mañana

La Dra. Chapunov habla con la madre. Por fin le dan permiso para salir a rendir su examen.

### Esc. 29: Ext. - Parque del neuropsiquiátrico - mañana

Acompañada por sus padres, María va hasta la puerta del hospital psiquiátrico, un coche la espera, ella asciende al rodado.

### Esc. 30: Int. – Shopping, ciberbar - mañana

María, feliz, intenta tipear, pero no consigue escribir bien. No puede controlar sus dedos, se desespera. El examen de Word lo tenía que enviar por Internet, pero no puede hacerlo bien: en un solo tipeado escribe como 10 letras, se irrita.

Va, acompañada de sus padres, al locutorio y envía un fax en el que pide una prórroga por motivos de salud, adjuntando algunos papeles de la internación, que su madre tiene en su poder.

**Esc. 31: Int. – Neuropsiquiátrico, consultorio médico - mañana**

María y Ana le dan a la psiquiatra Chapunov el mail con la nueva fecha del examen, a la vez que María le muestra sus manos como diciéndole que no las puede manejar.

Comienzan a darle solo pastillas por la mañana.

**Esc. 32: Int. - Shopping, ciberbar – tarde-** "10 DÍAS DESPUÉS"

María rinde su examen: consiste en el armado de un Currículum Vitae y una página web con Word. Le envían un mail diciendo que aprobó. Feliz, María les muestra ese mensaje a sus padres.

**Esc. 33: Int. - Neuropsiquiátrico, consultorio médico – tarde**

María muestra el mail, con su aprobación. La doctora Chapunov la abraza. Le dan el alta, siempre que continúe con el tratamiento y con la medicación.

**Esc. 34: Int. - Neuropsiquiátrico, habitación comunitaria – mañana**

María saca sus prendas del compartimiento de metal, prepara sus bolsos con su madre. Está muy bonita, con un vestido rosa ajustado y maquillada; Graciela está a su lado.

María sale de la habitación, saluda a algunas pacientes.

**Esc. 35: Int. - Neuropsiquiátrico, comedor comunitario – mañana**

María saluda con alegría a los médicos y a las enfermeras. Mira atrás, hacia la habitación donde están las pacientes hacinadas, algunas recién se levantan, otras gritan. Allá quedó el pasado. Sonríe, mira a sus padres, ellos le devuelven la sonrisa y la abrazan acariciándole la cabeza.

**Esc. 36: Ext. - Vereda del neuropsiquiátrico - mañana**

María traspasa victoriosa, tomada de la mano de su madre, las rejas que antes miraba desde dentro. Sus padres la miran

felices. Logra salir en libertad, lo que muchas no logran jamás.
*Fundido a blanco*
   ACTUALMENTE SE RECUPERÓ TOTALMETE, PERO CONTINÚA EN TRATAMIENTO Y VIVE CON SU FAMILIA

# Índice

**Prólogo**   5

**Notas de la autora**   9

**Carta a la musa inspiradora, del intelecto apático**   9

**Cuentos**   15

    El desenlace   17

    Naomi y Rubén, un encuentro de culturas   22

    Nido de cucarachas   32

    Los hijos de Belcebú   34

    ¡Por unos centavos!   41

    La groupie   45

    Mirna y su ansiado clímax   49

    La historia de Lucrecia y Diego.
        Una pasión a ocultas...   51

**Poemas** — 55

- ¿Pasional o intelectual? — 57
- Gestación artística — 58
- Poesía — 59
- Poema inédito — 60
- Solo poesías (mayo de 1996) — 61
- Versos... — 62
- Escribir... — 63
- Caballo alado — 64
- Tiempos — 65
- Hijo — 66
- Bebe — 67
- Dante — 68
- La amistad — 70
- Poesía dedicada a Burzaco, mi barrio — 71
- El ABC — 73
- Decálogo de lo que debí — 74
- Sensaciones — 75
- ReMake — 77
- Alegoría — 79
- Hoy puede ser un gran día — 81
- Ahora es el momento — 82

| | |
|---|---|
| Dios | 85 |
| El chat | 86 |
| Lo efímero manda | 87 |
| Realidad virtual | 88 |
| Deseo platónico | 88 |
| Soy etérea | 90 |
| Mi grito de liberación | 91 |
| Soy | 92 |
| El loco picapapelitos | 94 |
| La mendiga | 96 |
| La ciudad | 98 |
| El baile | 99 |
| De eso no se habla | 101 |
| El sexo | 103 |
| Senos | 105 |
| Besos orgásmicos | 106 |
| Amantes, como flechas van… | 107 |
| Danza de amantes | 109 |
| Roces | 110 |
| Bocas más bocas | 111 |
| Amantes | 112 |
| Pasión terrenal | 114 |

| | |
|---|---|
| Cuerpos vacíos | 116 |
| Es como un gato siamés... | 117 |
| Relación perversa y excitante | 118 |
| Tu yugo en mi cuerpo | 119 |
| *¿Ubi sunt?* | 120 |
| Amor no correspondido | 121 |
| Ni mil designios anáforas | 122 |
| Nos debemos todo | 123 |
| Tules de ilusión | 124 |
| Cuerpo amargo | 126 |
| Carcelero inmutable | 128 |
| ¿Sabes *que?* | 130 |
| ¡Oh, Amante imaginario! | 131 |
| Antes... | 133 |
| Aniversario (a la distancia) | 134 |
| La prisión del tiempo | 136 |
| Hoy... | 137 |
| Lecho | 139 |
| Danzando en mí | 140 |
| En la vidriera, el oro más preciado para mí | 141 |
| Música Negra | 142 |
| Si fueses marfil nacarado | 143 |

| | |
|---|---|
| Sin nombre | 144 |
| Su negro hastío | 145 |
| Todo esperar es inútil | 146 |
| Un día... te vi | 147 |
| Fuimos | 148 |
| Ya no estás... | 149 |
| Distancia | 151 |
| Recuerdo | 152 |
| Tragada por la nada | 153 |
| ¡Oh, mancebo en llamas! | 154 |
| Desconsuelo y desconcierto | 156 |
| Pasado amor... amor presente | 158 |
| ¡Oye tú, mujer! | 160 |
| Confusiones, agravios, dolor | 162 |
| Sueños | 163 |
| El todo y la nada | 164 |
| Cruel tortura | 165 |
| Almas errantes | 168 |
| Mi negro hastío | 169 |
| Vida | 171 |
| Amor en plástico | 172 |
| Falsas amistades | 173 |

Marina — 174

Barrilete con inestabilidad matinal — 176

Computer — 178

Los jinetes del Apocalipsis — 180

Sosiego — 182

Cien veces no debo — 184

**Anexo** — 187

Un grito de libertad
 (Guion cinematográfico) — 189

# Editorial LibrosEnRed

LibrosEnRed es la Editorial Digital más completa en idioma español. Desde junio de 2000 trabajamos en la edición y venta de libros digitales e impresos bajo demanda.

Nuestra misión es facilitar a todos los autores la edición de sus obras y ofrecer a los lectores acceso rápido y económico a libros de todo tipo.

Editamos novelas, cuentos, poesías, tesis, investigaciones, manuales, monografías y toda variedad de contenidos. Brindamos la posibilidad de comercializar las obras desde Internet para millones de potenciales lectores. De este modo, intentamos fortalecer la difusión de los autores que escriben en español.

Ingrese a www.librosenred.com y conozca nuestro catálogo, compuesto por cientos de títulos clásicos y de autores contemporáneos.

www.ingramcontent.com/pod-product-compliance
Lightning Source LLC
Chambersburg PA
CBHW030233170426
43201CB00006B/206